SINIC《サイニック》理論

過去半世紀を言い当て、
来たる半世紀を予測する
オムロンの未来学

ヒューマンルネッサンス研究所
エグゼクティブ・フェロー
中間真一

日本能率協会マネジメントセンター

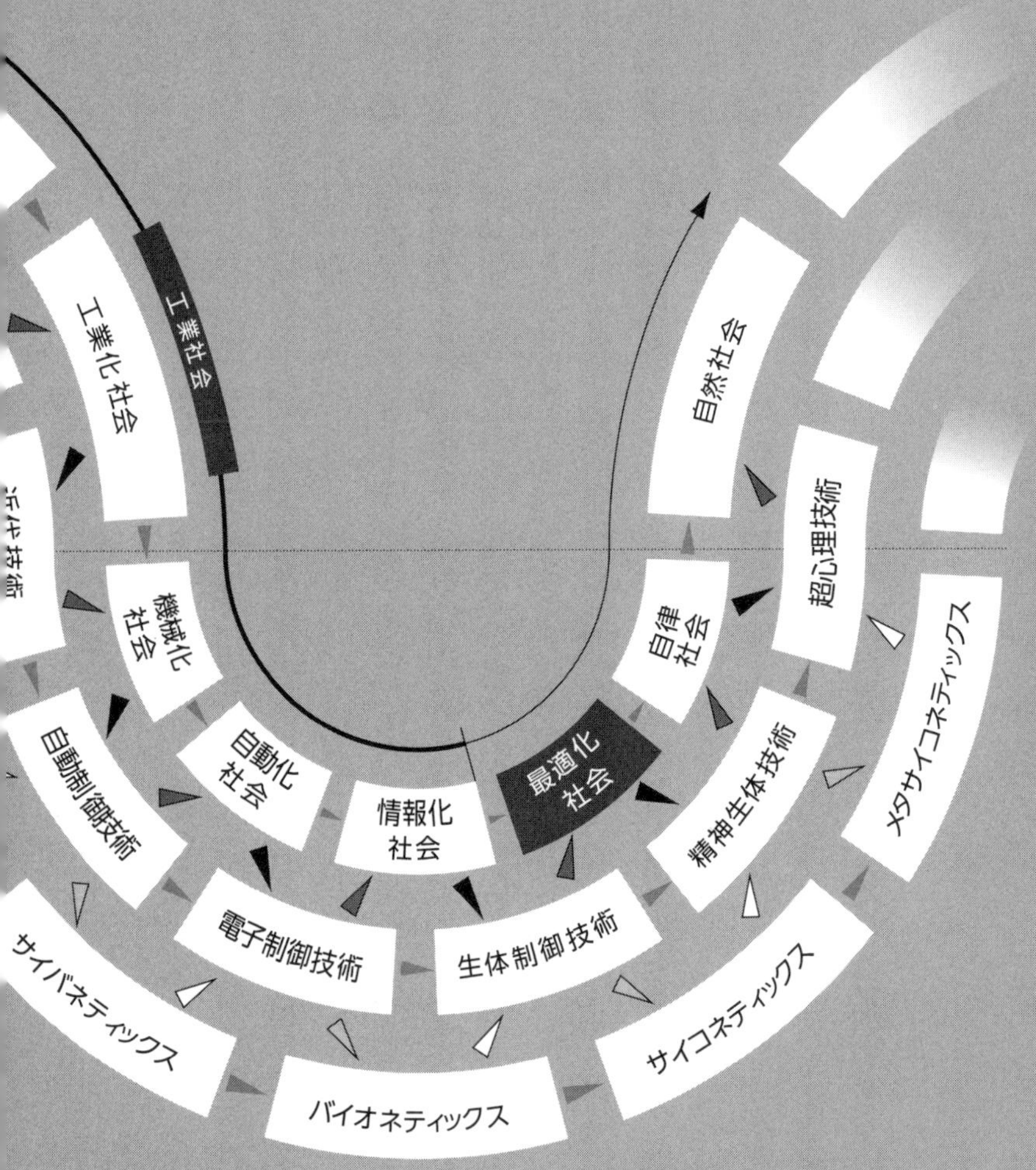
工業社会
工業化社会
機械化社会
自動化社会
情報化社会
最適化社会
自律社会
自然社会
自動制御技術
電子制御技術
生体制御技術
精神生体技術
超心理技術
サイバネティックス
バイオネティックス
サイコネティックス
メタサイコネティックス

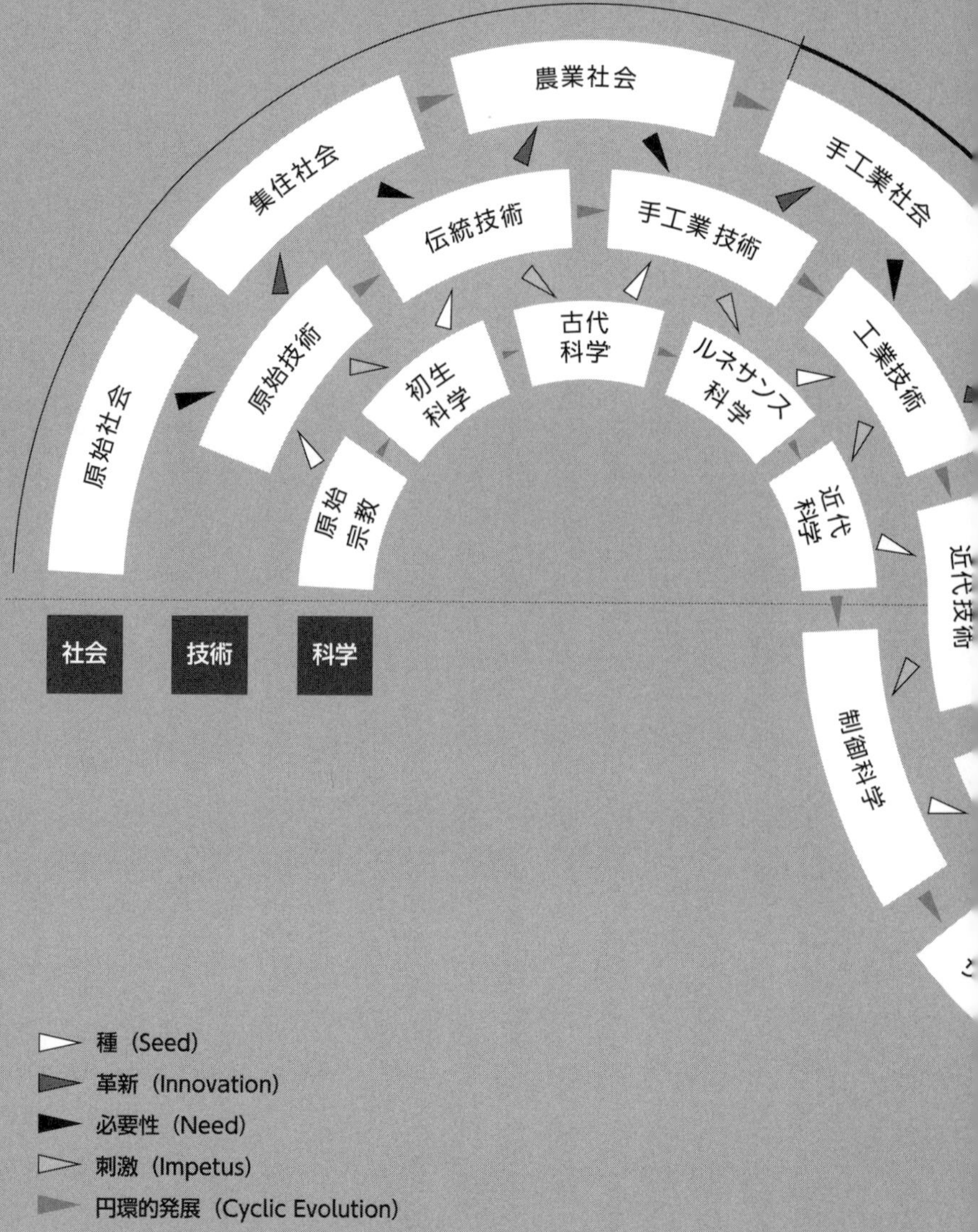

原始社会
集住社会
農業社会
手工業社会
原始技術
伝統技術
手工業 技術
工業技術
近代技術
原始宗教
初生科学
古代科学
ルネサンス科学
近代科学
制御科学
社会
技術
科学
種（Seed）
革新（Innovation）
必要性（Need）
刺激（Impetus）
円環的発展（Cyclic Evolution）

ＳＩＮＩＣ《サイニック》理論は、１００万年前の人類の始原から歴史をたどり、そこから導かれる社会進化の理論から、さらに未来を展望する壮大な未来社会の予測理論です。だからこそ、この理論に基づいた未来シナリオは、決して、いたずらに悲観的な未来でもなく、無責任に楽観的な未来でもありません。大きな変化に遭遇するたびに、それを乗り越え、適応して、新しい社会を自ら創ってきた人間の力の可能性、そして未来への可能性を信じられるからこそ成り立つ、ありたいシナリオであり、あり得るシナリオです。

その未来シナリオは、確実に顕れ始めています。「情報化社会」を経て、「最適化社会」という極めて大きなパラダイム・シフトが、まさに足下で進み始めています。世界はこれをＶＵＣＡの時代などと呼びますが、そうではありません。渾沌の中からも、その先の光を見失わずに未来を拓くことができるのです。そのための羅針盤こそ、ＳＩＮＩＣ理論なのです。

プロローグ　――よりよい未来を創るために――

「未来」というのは、時々刻々と現在になり、その瞬間に過去になっていく。そして、「時の流れ」は、社会発展と共にますます加速度を増しているから、ゆっくり未来を見定めているような余裕はなくなっていく一方だ。

かつて、人間の機能が拡張されたあらゆるテクノロジーを「メディア」ととらえた、メディア論の泰斗であるマーシャル・マクルーハンは、「われわれはバックミラーを通して現在を見ており、未来に向かって後ろ向きに進んでいる」と言った。まったく新しい状況に直面すると、つねに、もっとも近い過去の事物とか特色に執着しがちなのが人間なのだと言っている。自動車が誕生した時には「馬のない馬車」と呼び、電話を「話す電報」と呼んだ昔の例だけでなく、最近の「空飛ぶクルマ」や「リモート勤務」も同様に、そのとおりだと納得できる。未来を観るにはバックミラー、つまり歴史も必要なのだ。

そう考えると、ここ最近、世界中で『ビッグヒストリー』や『サピエンス全史』などをはじめ、人類史や文明史、それに基づく未来論の書籍が次々に発刊されて話題を呼んでいることに気づく。

それは、次々に私たちの暮らしに起こる「想定外」の出来事と無関係ではないはずだ。過去をチラッと振り返っただけでは理解不能な未来が到来している不安が、社会を、世界を覆い始めているからだろう。

今、その気配を感じつつある「世界の大転換」は、日々の暮らしを営む生活者、未来を担う若い人たちにとって、期待よりも不安につながっているのが現実かもしれない。今の延長線上では、ディストピアとしての悲観的な未来しか想定しにくいからだ。なぜ、そうなるのか？　それは大転換の先の世界のビジョンを描けていないからではなかろうか。そして、私たちが納得できる解像度で、未来を描けていないからでもあろう。未来を観るには、ビジョンも必要なのだ。

そのような時代背景の下で、オムロンが未来への経営の羅針盤としてきたＳＩＮＩＣ理論が注目されている。50年以上前に、現在進行中の大転換の時代である「最適化社会」の到来を予測していたという、高い予測精度への評価も大きいが、さらに、その先に「自律社会」、「自然社会」という未来ビジョンがあり、それらと歴史をつないでいることが、若い未来世代を中心に、強い共感と関心を引き寄せている。

オムロンの企業理念の核となる社憲（ミッション）は、「われわれの働きで、われわれの生活を向上し、よりよい社会をつくりましょう」である。それならば、この未来への羅針盤を、社会と共に活かし、社会と共によりよい社会をつくりたいと考えて、ＳＩＮＩＣ理論を広く社会に問うべく本書の発刊を決めた。

　ＳＩＮＩＣ理論は、科学、技術、社会が、相互に影響し合って、社会発展が進むということを、人類史全体を俯瞰しつつ、未来を展望した未来予測理論である。そして、この理論は、今から半世紀以上前の１９７０年に、オムロンの創業者である立石一真と、創設されて間もない中央研究所のメンバーによって構築された。決して、属人的な予言ではなく、予測の理論にまとめたことが、普遍性を備えた価値となっている。だからこそ、このＳＩＮＩＣ理論を、読者のみなさんと共有できる知としたい。そして、この世界的な大転換を越えて、よりよい社会をつくり、よりよい地球の未来につなげていきたい。

　また、ＳＩＮＩＣ理論は、半世紀を経ても、まだなおポテンシャルを持っている。それを活かしきるために、ちょうどよい機会なので、本書では古い理論の解説に留まらず、これからの未来に向かうためのＳＩＮＩＣ理論のアップデートを示した。本書は、これまでなかったＳＩＮＩＣ未来理論のテキストブックを目指した。これをもとに、みなさんと共に、ＳＩＮＩＣ理論のさらなるポテンシャルを掘り起こし、磨いて、未来創造を進められればと願うばかりだ。

目次

目次

第3章・よりよい未来づくりへのSINIC理論アップデート

第4章・現在進行形の「最適化社会」のゆくえ

第5章・自律社会を生きる人、自律社会を支えるテクノロジー

第6章・SINIC理論を超えていく未来

第７章・共に未来をソウゾウする

第1章・未来を考えるということ

・EXPO70、大阪万博という未来への跳躍台

ＳＩＮＩＣ理論を発表したのは、今から半世紀以上前の１９７０年4月である。なぜ、その時代に未来を考えることが必要となったのか、時代背景を踏まえながら明らかにしておこう。

じつは、ＳＩＮＩＣ理論発表と同年の１ヵ月前、日本で初めての万国博覧会が、当時としては史上最大規模で開催された。テーマは「人類の進歩と調和」であった。読者のみなさんの中には、「大阪万博は２０２５年のはず。まだ、これからの話ではないか」と思う方もいるだろう。しかし、間違いではない。

前年の１９６９年にアメリカのアポロ11号が月面着陸を成し遂げて月から持ち帰った石、動く歩道、携帯電話、ロボット、モノレール、リニアモーターカー、電気自動車、また、人間洗濯機など、科学技術文明のさらなる進歩を見せる、未来科学技術のテーマパークだった。

約半年間に及ぶ会期中、当初の来場者数目標３０００万人に対して、2倍以上の６４００万人もの人々が万博会場を訪れた。海外からの訪問者は約１７０万人足らずだったというから、この大イベントは、戦後日本の発展の姿を讃え合う、日本人が盛り上げた巨大な未来への科学技術文明のお祭りだったことがわかる。

当時小学生であった筆者も、3回ほど会場に足を運んだ。最も記憶に残っているのは、アメリカ館の月の石を見るために、炎天下に長蛇の列を数時間待たされたことである。これは、東京ディズニーランドの行列の比ではなく、万博のテーマをもじって「人類の辛抱と長蛇」と揶揄されたほどだが、それでも、みんな未来を見るために会場に出かけた。少なくとも、当時の価値観では、限りなく豊かになる未来像が、そこで見つけられたからだ。

確かに、あの万博の展示物からは、その後の生活に浸透し、定着したライフスタイルも多い。会場内に出店したケンタッキーフライドチキン、ファミリーレストラン、缶コーヒー、これらは、まさに「規格大量工業生産型」の食生活の新たなスタイルであり、大阪万博が契機となって浸透していったものである。翌年には、日清食品のカップヌードルや日本マクドナルドの日本進出も果たされた。

もちろん、人類の進歩だけでなく、調和もテーマに加えられているとおり、工場の廃棄物などによる公害問題の深刻化や資源の枯渇問題など、未来への環境問題が懸念される兆しも見え始めていた。しかし、未来への「夢」は、それを大きく上回り、なおかつ「実現可能性」を感じさせるものだった。社会は、未来の可能性を信じていたし、それが科学技術によって推進されることも信じていた。そういう、社会全体が、さらなる未来へと飛躍しようとした節目の年に、ＳＩＮＩＣ理論は生まれたのである。

・人と機械の未来へのインタラクション

この大阪万博の構想からも、もちろんＳＩＮＩＣ理論は大きな影響を受けた。当時、大阪万博を総括して出版された『週刊サンケイ臨時増刊号　日本万国博覧会グラフ』（サンケイ新聞社出版局）を開くと、興味深い対談が掲載されている。タイトルは「未来を予言する現代の科学」、対談者は、当時京都大学助教授であった社会学者の加藤秀俊先生と、オムロンの前身・立石電機社長、創業者の立石一真である。

この対談記事の中で、たとえばコンピュータの浸透について、こんなやりとりがされている。「こんどの万国博ではコンピュータ時代を反映して、さまざまな展示にその利用が目立ちます。しかも〝マン・ツー・マシン〟の時代を象徴しているのじゃないか、と思うのです」と司会者が口火を切ると、技術者であり経営者である立石は「コンピュータと〝対話〟できるといっても、技術的には難しいものじゃない。いちばん楽なのは音ですからね。（中略）味覚に、コンピュータを利用するということになれば、これは大分、将来のことでしょうね」と述べたり、コンピュータの小型化と家庭への普及について、マイクロ・コンピュータがテレビや電話に〝侵入〟して人間の代わりをつとめ、いろいろなロボットが出てきて、コンピュータの生活や社会への〝侵入〟

を早めるきっかけとなると予測している。

すると、加藤氏は万国博覧会を「人間と機械のお見合いのようなもの」だと表現し、「過去の万国博覧会に登場したタイプライターとかミシンは、それを見た途端に、『ああ、これは便利だ』という反応を人々に起こさせた。しかし、コンピュータの場合、まだそんな感じは起こさせないんじゃないでしょうか？」として、「民衆とコンピュータのはじめてのお見合い」の段階であり、その後で深いお付き合いが始まり、本当に機械と人間が仲良くなるか、どうか。この万国博覧会はそのきっかけになると思うと、人と機械、社会と技術の関係進化における万国博覧会の意義を述べている。

さらに、大阪万博は家庭のみならず、未来都市システムについても、多くの兆しを投げ込んでいた。一つは「都市機能のコンピュータ化」だ。万博会場で、入場者の誘導や駐車場の管理はコンピュータが仕切っていた。このような、都市のコンピュータ化が加速する未来について、立石は次のように語っている。

「情報化社会のとらえ方は、要するにすべて数字であらわす、人間にもみんな番号がついてしまうようなことですね。私、昨年秋に米国のシンクタンク（頭脳集団）を見学してから、すこし発想が変わってきました。これは加藤先生の領域になるかも知れんが社会現象がずい分たくさんある。

そのひとつにスポットをあてるわけですね。それをひとつの面に集約してシステムとしてとらえる。そのシステムをコンピュータの力で処理する。結局、グランド・トータル・システムというところまで行くのですね」

すなわち、大阪万博という場に見えた未来の予兆の「点」を集めて、「面」としての未来都市を頭の中に像として結ばせていたのである。当時、すでに先行するアメリカでは社会問題化していた都市社会の問題が、日本の大都市でも交通事故や交通渋滞、さらに排気ガスによる大気汚染といった公害問題として生まれつつあったことも背景にあっただろう。

たとえば、大阪万博では、車体番号を記憶させ、チェックポイントで通過情報を送って制御する「エキスポ・タクシー」も登場していた。それを見て、「ぶつからないクルマ」という発想が、未来へのソーシャルニーズとなると見抜き、さらには公害問題の深刻化などから、ガソリン車の時代の終焉を予測して、「都市交通には電気自動車が便利」だと結論づけていた。その中では、せいぜい1日に50キロメートル程度の走行ニーズを満たすバッテリー開発などが議論されていたという。

また、模型レベルではあったが、リニアモーターカーも出品されていた。加藤氏が、「東京と大阪を結ぶためにはいいが、早くなればなるほど真ん中が無視される」と、中間の無意味化という新しい現象に目をつけている。これに対して、立石は「早くなるということは、あまり幸福じゃないですね。ストレスがふえてきますよ。七〇年代は人間尊重だとか言っているけれど、案外、尊重ではなくなる可能性があります。人間が非常に酷使されますね。ただ全部が酷使されることでなく、やはり酷使される者が限られてくる」と、効率主義一辺倒の渦中において、人間らしさの喪失の進行への警鐘も鳴らしている。

半世紀を経て、今でいう「デジタル化」や「ＥＶ化」などの技術の潮流と共に、極端な富の二極分化と、中間所得層が必死に負け組に落ちないように働く社会の潮流も、すでに見通していたわけだ。つまり、立石は科学技術の未来発展について、効率化や自動化を手放しに推進しようとしていたのではなく、人間視点からの社会の豊かさを増していくことを大前提としてとらえていたことがわかる。

この対談の最後に、立石は大阪万博の意義について、次のような表現で語っている。

「万国博というのはなかなか面白いですね。戦争にちょっと似ている点がある。戦争でのっぴきならぬ国の命運にかかわるような事態になると、新しい科学が発達する。アポロ計画でもそうなんですが（中略）万国博でも予算を使って物めずらしいものをふんだんにつくる。万国博でそういう〝場〟を提供してもらったことは、促進になりますね」

確かに、大阪万博の準備段階では、コンピュータの社会化を推進するために、トラフィック制御、入場者コントロールなど、様々なプログラムをつくったらしい。しかし、それを処理するハードウェアの大きさが尋常ではなくなった。それならば、そのコンピュータ自体を会場のど真ん中に設置して見せ物にしてしまおうという話にもなったらしい。しかし、開幕までのわずか数年間で、あれよあれよと言う間にコンピュータは小型化されて、巨大なコンピュータを見せる意味などなくなった。科学技術は、社会に〝侵入〟することを見事に果たしたのだ。人間が想像できる未来は、およそ実現されるということだ。

●未来談義の豊かな土壌

大阪万博の開催は、科学技術の社会実装アクセルを踏み込むことにもなったが、それだけでなく、未来社会研究のアクセルも踏み込んだ。

大阪万博開催の決定が1965年のこと、5年間の準備期間は、116のパビリオンと展示のほか、交通インフラ整備も含めた準備を進めるには、充分な期間とは言えないはずだ。その中で、なぜ、あれだけの充実した未来観と博覧会ビジョンを創り出せたのだろうか。そこには、なるほどと納得できる人々が集まる場があった。

それは、「万国博をかんがえる会」という、非公式な組織であった。非公式とはいうものの、博覧会国際事務局に提出した基本理念は、この会の中心メンバーであった、国立民族学博物館名誉教授の梅棹忠夫氏を中心に、当時、『日本沈没』の執筆に着手していたSF作家の小松左京氏、社会学者の加藤秀俊氏らが草案を作成して、ほぼ原案のまま提出されたのだという。

また、このような人々が集まる場の前身には、梅棹忠夫氏が京都の自宅広間で主宰していた通称「梅棹サロン」の存在もあった。毎週金曜の晩になると、梅棹邸にはさまざまな分野の研究者や編集者などが集まり、自由に知的好奇心のおもむくままに議論を重ねていたそうだ。当然、そこでの話題の中心には「未来」があった。

主なメンバーは、先ほどの加藤氏、小松氏の他、建築家の川添登氏、そして、林雄二郎氏である。林氏が当時所長に就いていた経済企画庁経済研究所は、『二〇年後の豊かな日本への一つのビジョン』という報告書も1965年に出していた。まさに、自由闊達に、気宇壮大に、未来を語り合う舞台が、京都の地にできあがっていたのである。

●「未来学」の誕生

東京オリンピックを経て、1960年代に入った日本社会は、未来への関心を、さらに高めていった。小松左京氏、梅棹忠夫氏、加藤秀俊氏を中心とする「万国博をかんがえる会」には、その後、漫画家の手塚治虫氏、SF作家の星新一氏、芸術家の岡本太郎氏らも参加している。今、思い返すと、このそうそうたるメンバーは、まさに当時の日本を代表する、未来へのジャンプ力を備えた「ブッ飛び系」賢人会議である。

一方、海外でも欧米先進国を中心に、未来への関心は高まっていた。しかし、それらは日本における未来への期待と不安のバランスとは少し差異があった。つまり、期待よりも不安が上回った、未来を憂える潮流だったのだ。その活動の中心の一人が、オーストリアの作家、社会運動家であり、未来ワークショップという社会運動を始めていたロベルト・ユンクであった。彼は、1967年にはロンドンにて「人類2000」委員会を設立し、「第1回未来問題世界会議」をノルウェーのオスロで開催している。

じつは、加藤氏のもとには、このオスロ会議への参加勧誘の手紙が届いていたそうだ。内容としても時期としても、大阪万博を考える上で絶好の機会だととらえた加藤氏は、林雄二郎氏と共に、オスロ会議に参加した。これを契機に、第2回の国際未来会議を日本で開催しようという話になり、そのための準備組織が立ち上げられて、翌年に「日本未来学会」が、一橋大学名誉教授の中山伊知郎氏を会長、林雄二郎氏を理事長として設立されたのである。設立趣意書には、以下の行動指針が記されている。

1. 従来のすべての学問的業績と遺産を継承し、
2. しかも既成の観念にとらわれない自由にして創造的な思考と精神を発揚するため、
3. さまざまな学問、専門の分野がそれぞれの境界を超えて手をにぎり合い、
4. 更に、たえず幅の広い国際的な接触と交流につとめなければならない。

総合的、学際的、創造的、国際的で自由な思考活動こそ、未来学という研究領域への取り組みであることが宣言されている。

そして、日本未来学会が主催して、第2回国際未来学会議が、１９７０年4月に京都にて開催された。大阪万博開幕直後の時期に重なったこともあり、海外からは先進国、開発途上国、社会主義国も含め、31カ国から24の団体、約１４０名、国内からは１２０名の学者、研究者が参加して開催された。

この会議は、人類は未来から挑戦を受けているのだという認識のもと、「未来からの挑戦」をテーマとして、

①未来学の役割
②未来学の方法論

③技術革新と社会変化
④未来の教育
⑤未来の環境変化
⑥新しい価値観と人間像
⑦社会システムと社会革新
⑧世界の未来

以上の8分科会からなる構成で、侃々諤々の未来学議論が展開されたと記録に残されている。日本未来学会長の中山伊知郎氏は、「日本の経済発展の再検討」と題した開会スピーチで、「日本の工業化を推し進めてきた伝統的な価値観は、経済発展とともに変化してきており、われわれはアジアの中の一国として、新しい社会、文化の可能性を世界の中で探らなくてはならない」などと述べ、当日の朝日新聞夕刊には大きな記事として掲載された。このようにして、1960年代後半の胚胎期を経て、日本のみならず、世界の中で未来予測や未来研究などを対象とした「未来学」が、学問領域として産声を上げた。オムロンの未来予測理論「SINIC理論」は、このような世界、日本の未来に向けた時代の風の中で生まれたのである。

・未来学とは、未来史の「学」

未来について考えることを、「未来学」という学問領域として成立させるためには、単なる知識の羅列にとどまらず、学問としての体系をもたねばならなかった。しかし、それは従来の「科学」の枠内で解決しようとすると、大きな難問をかかえていた。少々、話題がＳＩＮＩＣ理論から逸れていくが、今、再び読み返しても未来研究への示唆が多いので紹介しておきたい。

日本未来学会の彼らが、未来を考えることを「学」として位置づけるために議論した内容は『未来学の提唱』（日本生産性本部）という書籍にまとめられている。この本は、未来学の本質を取り上げて、その課題の指摘や発展の方向性について論じている。

まず、研究対象の設定についてである。これは、もちろん「未来」、あるいは「未来における事象」である。しかし、一般に「科学」と呼ばれるものは、すべて経験科学である。すなわち、人類の誰かが、何らかの「経験」を通した事象について、記述、分析、理論化するところに、科学が成立するというわけだ。

しかし、未来学の対象は、人類の誰一人として未経験の事象である。「学」としての成立の出発点から、未来学はその条件を満たせないかに見えた。それでも、未来とは経験的世界の延長線上に予想される事象なので、超経験的事象ではない。文字通り「未だ来ぬ」、「未経験的事象」なのだと位置づけた。そして、未来学を「未経験科学」と呼び、新たな科学としての学問であるとしている。

また、「未来についてかんがえるということは、未来の歴史についてかんがえるということである。未来学は、その意味では未来史学である」と、梅棹氏は述べている。事象を時間の流れに沿って把握するのが歴史学であれば、過去だけでなく、未来の事象にも対象を広げた歴史学というとらえ方だ。すでに確定した事象と、未確定の事象の間には、大きな差異があるという反論に対しては、過去の事象も真実として決定することは困難であり、本質的な差異ではなく、程度の問題だとして論破した。

さらに、過去史学と未来史学との方法論的な大きな差異点として、「文献の利用可能性」を挙げている。しかし、この点についても、考古学が遺物や遺跡だけから歴史を構築しているように、今和次郎らの現代風俗を対象とした「考現学」があるように、未来についても「考未学」と呼べる学が成立するはずだと記している。過去史学がすでに起こった事象の再構成であるのに対して、未来史学は、未来において起こるであろう事象の「予構成」として、この方法論の充実が、未来学の展開の大事なポイントとなることを主張した。

つまり、人間は未来をどのように考えているか、民族や文化による未来のとらえかたの特徴はないのか、そういう観点からすれば、文化人類学や心理学、哲学や生物学との学際研究領域としても未来学が位置づけられる可能性を示していたのだ。

その上で、彼らは応用未来学という観点の重要性を指摘した。これは、ここまで述べてきたような未来学のとらえ方、すなわち、未来史、そして未経験科学的未来学、未来哲学を合わせた理論未来学が、「未来はどうなる?」という課題を設定したものであるのに対し、もう一つ「未来をどうする?」という課題のもとに、未来を研究する領域であることを指摘したものである。これは、「ありたい未来」の未来学であり、未来ビジョンに通じるものだ。このような未来学の構想過程を経ながら、未来学の社会や産業、生活への活用可能性と必要性は増していったのである。

●未来学を必要とするまでのオムロン

さて、このように社会が未来への関心を高めていく中で、産業界も未来への関心を高めていた。それが、オムロンの未来予測理論「SINIC理論」誕生の動機とも同期している。

なぜ、オムロン(当時の立石電機株式会社)という企業は、未来予測理論を必要としたのか。それを知るためには、この企業の創業者である立石一真の人となりと、会社設立からの経緯を振り返ってみるとわかりやすい。

創業者である立石一真は、１９００年（明治33年）に熊本で生まれた。親の職業は、伊万里焼盃の製造販売で、祖父の商才もあり豊かな環境で育った。しかし、祖父と父親の他界により、生活状況は急変し、一真も新聞配達をして家計の足しにしていたほどだったそうである。

そのような逆境にあっても、常にポジティブ・シンキングの生き方を貫き、家族を支えつつも、遊ぶときには思い切り遊び、メリハリの利いた毎日を送っていたようである。創業者の一真は、当時のことを「幼い日々に思う存分遊んでこそ、人脈は広がり、ロマンは育ち、そのこころの襞《ひだ》が創造（想像）力を生み出す基となる」と、後に述懐している。

その後、熊本高等工業学校の電気科を卒業し、兵庫県庁で電機技師として社会人のスタートを切ったものの、翌年には株式会社井上電機製作所へ転じ、アメリカで開発されていた保護継電器（リレー）の国産化を担い、本格的にエンジニアの道を歩み始めた。

しかし、直後の世界大恐慌に見舞われて、職場を去らざるを得なくなり、京都市内に彩光社という会社を設立し、自らの実用新案で「家庭用ズボン・プレッサー」の製造販売を始めた。これは、電気機器ではなく、単に板にズボンを挟むだけのアイディア商品であった。

毎日、これを自転車に積んで、大阪まで出かけては飛び込み営業で訪問販売をする毎日だったが、残念ながら、家庭用ズボン・プレッサーは思うような商売にはならず、苦労が絶えなかったようである。しかし、それでもあきらめず、次の商品として「ナイフ・グラインダー」（刃物研ぎ機）を開発した。これも、京都の東寺の縁日で販売するなど、いわば町のアイディア発明家のレベルであったが、このような露店商売の経験は、お客さんと直接やりとりする現場感覚を身につけることにつながり、次第に商売というものを身につけていった。

このように、意外にも、オムロンが生まれようとする草創期の商品は、板に挟むだけのズボン・プレッサーや、ナイフ研ぎであり、電気製品ではない。しかし、顧客が必要としているものを感じとり、アイディアでそれを実現するという商売の基本となる姿勢は、日増しに磨かれていった。

その後も、このような町の発明家的な商品開発と販売を続けていた。しかし、ある時、レントゲン写真の撮影用に使う1／20秒のタイマーにニーズがあるということを、同級生だった友人から聞いた一真は、これを「自ら天職と思えた電気関係の仕事に復帰するチャンス」と感じたと後に振り返っている。そして、社名も立石医療電機製作所に変更し、優れたタイマー装置を病院に納品するようになった。この商品事業は、さらに大手レントゲン機器メーカーへのＯＥＭ供給にも発展し、１９３３年に満を持して立石電機製作所を大阪で設立した。苦節を経てこそ見つけた、天職としての電気エンジニアとしての起業であった。

このような会社の創業であったからこそ、一真の語録の一つである「ものごとを〝できません〟というな。どうすればできるかを工夫してみること」という、安易なあきらめが可能性を消し去ってしまうという戒めも自ずと生まれ、とても説得力のある言葉となって、今に受け継がれている。すぐに、できない理由を並べてあきらめてしまえば、それでおしまい。そうでなく、どうすればできるかを考え抜いてこそ頭も心も鍛えられる。自ら進歩しようとする意欲を高め続けてこそ、社会、技術、科学の発展が達成されるという持論にもつながっている。後のＳＩＮＩＣ理論における最も重要な理論的要素の一つである「人間の進歩志向意欲」という発想の原点でもある。

その後、太平洋戦争による本土爆撃が激化する中、京都に本社工場を移転して終戦を迎え、戦後は「火力の調節ができる五徳付き電気七輪」と銘打った電熱器、女性用のヘアアイロンや、マイクロスイッチ技術と京都の伝統工芸を活かした卓上電気ライターなどを商品化して生産した。「生産こそ祖国復興の基本。とくに技術革新こそが経済発展への道だ」という強い信念のもと、1950年には立石電機株式会社を再建し、マイクロスイッチリレー、温度スイッチ、圧力スイッチなどの開発、生産、販売を再開した。

そうした中で、その後のオムロンを左右するほどの決定的な二人との出会いが訪れる。当時、フレデリック・テイラーの「科学的管理法」など、アメリカの先端的な能率学を日本に紹介していた上野陽一氏（現・産業能率大学の創立者）がその一人である。上野氏を囲む勉強会にて「これからの商品は、オートメーションを前提として設計しなければならない時代になる」ということを聞き、これこそ未来フロンティアのテーマだと、一真はすぐさま直感した。

そして、二人目は西式健康法というホリスティック医療の先生であった西勝造氏である。東洋医学の健康法の先生でありながら、彼からはノーバート・ウィーナーの『サイバネティクス』(岩波書店)という書物の紹介を受け、この本からも瞬間的に未来を嗅ぎ取った。ほぼ同時期の、彼にとっては稲妻が身体の中を走るような出会いだったのである。

居ても立ってもいられなくなった一真は、早速、翌年にはアメリカのオートメーションの実状を自ら確かめるべく渡米した。そして、アメリカ式の経営に学び、帰国後すぐに実践に着手した。そして、オートメーションという未来の姿を実現するのに必要とされるものは何か、アイディアを絞り、技術開発を進めて、世界初の「無接点スイッチ」の製品化を果たしたのである。

これは、スイッチ部品の長寿命化が、様々な自動化のボトルネックとなっていることに気づいた彼が、その解決策として「スイッチの接点をなくす」ことに着眼し、当時としてはラジオ部品としてしか知られていなかったトランジスタを、工場の自動化に使えると閃き、活かしたものである。これは、いまだに「夢の無接点スイッチ開発物語」として語り継がれており、「七：三の原理(成算が7割あれば実行する)」というオムロンの開発哲学となって社員にも浸透している。さらに、その後1960年には当時の自社の資本金の4倍相当の金額を投入して中央研究所を設立し、商品開発力を強化して、日本におけるオートメーション部品のパイオニアとして、またサイバネーションの技術開発を先駆けて、急成長を遂げていく端緒を築いた。

・経営とは未来を考えること

急成長を遂げる中、当時の資本金から考えると巨額の先行開発投資を行い、さらに、大型研究開発テーマの事業化のための中央研究所も創設した中で、一真は当時のことを「この当時の研究開発投資は、新聞などから冷ややかな眼を向けられていた」と語りながらも、「しかし、未来へのニーズには確信を持っていたから、きわめて楽観的だった」とも述べている。未来へのニーズの確信が、彼を前向きにさせていた。

ところで、もともと電気技術者であったこともあり、一真は、経営を担う上でも、何か一つ頼りになる「法則」を持たなければいけないと考え続けていた。しかし、企業経営先進国であるアメリカで、その法則をいくら探し回っても、納得できる普遍的な経営則は見つからなかった。そのような中で、彼が自ら法則を見いだしたのは、なんと「生物学」からの発想だった。ダーウィンの進化論で言うところの「適者生存の法則」である。

その背景には、先にも挙げた西勝造先生から指導を受けて、20年以上もの長年にわたり実践し、傾倒してきた「西式健康法」の影響もあった。これは、健康法とはいうものの、対処療法型の現代西欧医学に対するオルタナティブ(代替)医学であった。局所的ではなく身体全体、さらに心身全体からの健康を維持、向上させる、ホリスティックな医学であり健康法であった。自分の心身の健康を、常に快適状態に維持するために、いろいろな管理を自らの意思によって、意識的に行う自律的健康法とも言える。これを20年以上も日常生活の中で実践し続けてきた中で、企業の経営管理も組織管理も、この健康法の要領でやれると判断できたという。

そして、「適者生存の法則」とは、地球上の生きとし生けるものは、ビッグバンを経て地球の形が生まれてから今日に至るまで、様々な環境変化を経て、その環境に適応し、不断の変化を遂げてこられたものだけが生き延びてこられたという考え方である。氷河期などの過酷な環境変化の下でも、それに適応できたものだけが生き延びてきた。そして、企業もまた同様だというわけである。

特に、ものづくりメーカーは、環境の激変に適応していかなくては生き残れない。その時代の社会の要望(ソーシャルニーズ)にこたえられる技術、商品を開発し、それによって今まではなかったマーケットを創り出すことが生き延びる道となる。まさに、適者生存の法則であり、これをやることこそ、企業経営者の仕事であると確信できたという。

そうなると、できるだけ早く、社会の大きな変化、潮流、ニーズをとらえることが最も大事なことになる。さらに、すでに顕在化してしまっているソーシャルニーズだと、他社も気づいてしまっており、激しい生存競争、いわゆるレッド・オーシャン型の競争にさらされてしまう。そういう競争では、物量戦となってしまい、規模や予算が巨大な大手企業に太刀打ちできず、下請け企業に甘んじることも多くなる。では、そうならずに独自の道で勝ち筋を進むためには何が必要となるのか。一真は、「未来を予測する」ことの大きな必要性を感じ取っていた。

そして、現在の社会では、まだまだ、消費者もユーザーも競争相手の企業も、誰も気づいていない、近未来の潜在的なソーシャルニーズをあぶり出して、新たなソーシャルニーズを創造することを、最も大切な経営として据えることに決めたのである。

そこで、工業社会の最盛期にあった1960年代後半に、「この工業社会は、この後、いつ頃から、どのような社会に変貌していくのか」を考えた。そういう未来社会を描き出すことができれば、その社会のソーシャルニーズを考えられるようになる。そういう時代が到来した時、すぐに必要な技術や商品を提供できるように、先駆けて研究開発を進めておく。それが、最善の経営であると考えたのだ。

そうなると、企業とはいえ、経営には「未来予測」が、極めて重要な価値となる。適者生存の法則を経営の基本則に据え、常に社会の変化を先回りして、納得できる社会イメージを描き出し、ソーシャルニーズを創造し、技術や商品、事業を先駆けて準備する優れた経営、そのためには、未来への羅針盤が必要となる。

そして、未来への羅針盤とは、質の高い「未来予測」であり、それが自らの経営に最も重要になることに間違いないと確信したのである。一真は、様々な講演や対談、メッセージの中で「経営者とは、未来を考える人である」と言っている。それは、奇をてらう未来である必要はなく、予言のような非科学的なものであったり、カリスマ経営者の属人的な予言でもなく、普遍的な理解と共感を得られる理論に基づいた法則として、未来を指し示す考え方でなくてはならないと考えた。その最も基本となるものこそ、生物の生存理論である適者生存の法則であり、自立した企業として生き残っていくために経営トップが考えるべき、最も重要事項であると、極めて自然に結論づけた。経営とは、未来を考えることなのだ。そして、その未来は誰もが納得できる合理性を備えたものである必要があった。

● 未来予測理論の構想

こうして、未来予測の必要性を感じ始めていた1960年代後半という時期は、すでに述べてきたように、国内外で未来予測への関心が高まりつつある時期に同期していた。成長と変化が、未来への期待感を膨らまし続けていた時期ともいえる。アメリカのシンクタンクであるハドソン研究所の所長であった未来学者のハーマン・カーンをはじめ、多くの未来学者が登場してきたのもこの時代であった。

しかし、それらの予測は、ＯＥＣＤや経済、科学技術関連の政府機関、大学の研究者たちが中心となって、どんな技術がいつ頃に実現するのかを探索する取り組みに終始していた。フォーキャスティングによる技術予測に留まっていたし、まだまだ一企業が未来予測をしようとする動きには至っていなかった。だから、この時期には、社会と科学技術の関係にまで考えが及んでいる取り組み事例は、世界を見渡しても見つからなかった状況にあり、未来予測理論のフロンティアに立っていたのだ。

また、企業セクター、それも日本の製造業にとっての１９６０年代後半は、まさに「プロダクト・アウト」の最盛期であり、わざわざ未来技術を予測せずとも、現状の商材による市場をいかに拡大するかが喫緊の課題であった時代だ。いかに、たくさん作って、たくさん売るか、それによって企業経営は高度成長を果たしていたのである。未来は自ら予測せずとも、欧米諸国を追随するだけで、飛躍的な企業の成長が実現できた時代であった。未来予測を求める経営ニーズも、まだまだ顕在化したものではなかったのである。

では、このような状況の中、なぜ、一真は「未来予測理論」の必要性を強く感じたのか。それは、変化の兆しを感じていたこと、そして、当時の日本社会にとって「未来」であった、アメリカの社会、経営、企業の追従だけでは、もはや通用しなくなることを察知できていたからだった。

ここに、１９６９年正月始業式の一真の従業員への「指示」として発せられたメッセージがあるので紹介する。

「日本もいよいよ先進国の仲間入りをした以上、いままでのように先輩、先進国の手本があって、これを真似してやれば間違いなしにやれたという時代は過ぎた。従来は技術を導入しておれば、なんとかなったが、いよいよ先進国と同じスタートラインに立って欧米諸国と競うのだから、もう手本もない。われわれの創意工夫があるのみである。そういう力がないと、世界での勝負ができない。ものごとを総合的に見る英知と、先の見通しのできる能力を身につける必要がある。最近よく未来学が話題になっているが、経営学は適者生存の法則から出てきた過去学であるので、これからは未来を考える未来学を勉強する必要がある。世界での競争のスタートラインに並んだ以上、未来学を勉強して、手本なしで勝負に挑まなくてはならない。

10年ほど前のアメリカ式経営学のブームに変わって、未来学の時代になろうとし、これがわれわれに示唆を与えるだろう。未来学はまた、創造学でもある。このことは、ドラッカー教授のいうように、過去のしきたり、習慣を、そのまま未来に延ばして演繹的にやれる時代が過ぎ去り、過去から断絶されていく。そのために『創意工夫』が必要になる。この点では、立石電機の特徴が大いに発揮できよう」

そして、このメッセージに先行して、1967年からは中央研究所にて未来学研究プロジェクトが始動されていたのである。「未来学」と言うからには、単なるカリスマ性の強い経営者の「予言」ではなく、学問としての体系を持ち、中核となる理論を持っていることが、学問や科学として成立する要件だと考えたわけだ。これは、一真の技術者魂の表れであり、「当たった」、「外れた」と一喜一憂する程度の予測ではない。不易の理論化の必要性に対する強い意志であった。

さらにもう一つ、1960年代を通じて、さらに1970年代初頭に至る、日本経済が高度経済成長を遂げた時期というのは、一真が陣頭指揮を取り、次々に中央研究所から新技術、新商品の成果を生みだしている時期である。あふれるほどのアイディアを技術で実現していくためには、それに応じた多大な開発投資も必要となっていた。このことも、未来予測理論を必要とした背景として大きいのだ。

当時、一真がエッセーに記した、長期経営計画と新商品開発に関する、エンジニア出身らしい理詰めの考え方がとても興味深い。

「わたしどもの企業の売上げが、過去の5ヵ年間に10倍伸びたので、次の5ヵ年間にもそのまた10倍に伸ばそうというのである。しかしそれを実現するためには3つの条件を満足させねばならぬ。

①わたしどもの市場が従来通りの上向線をもっていること
②景気の短期波動の周期が40～60ヵ月であること
③過去5ヵ年の最終年の売上げの6割が、5年間に開発された新しい商品によるものであった。そこで次の5ヵ年間にも更に新しい商品を開発して、その売上げが最終年において年間売上げの6割を占めるようにすること」

このように、長期的な企業成長の条件を挙げ、特に③の新商品、新技術開発への思い切った投資の必要性を説いている。なんと、5年後の売上の6割を新商品にするという計画を本気で進めたのである。これは、まさにイノベーションを求められている今の「両利きの経営」にも通じる。

参考のため、この時期の立石電機の新商品開発事例のいくつかを挙げてみよう。ストレス・メーター、東洋医学物理療法自動診断装置、電子交通制御システム、世界最初の無人駅改札、がん細胞自動診断機、シーケンスコントローラ、世界最小の電子式卓上計算機、自動現金支払機、キャッシュレスシステムなど、これが50年以上前の開発事例かと思うような、夢の技術や商品のリストである。この中には、現在に至る商品もあるし、ストレス・メーターのように、これから近未来に向けて、爆発的に顕在化しそうなニーズも含まれている。

もちろん、このような積極的な開発を進めるには、当時の企業規模から想定すれば、リスクの大きな、極めて大きな開発投資が必要だったはずである。その夢多き未来テーマの開発費用の資金繰り、そして、開発へのモチベーション向上には、単なる一経営者の想いや確信だけでは充分でなく、より多くの人に、未来観に対する共感と納得を得ることが重要となった。そこで一真は、未来社会、未来技術の構想を、経営者の単なる「未来予言」ではなく、普遍的な「未来予測理論」としてまとめ上げる必要を確信したのである。

● 科学技術だけでなく、人文社会学も重視したアプローチ

ＳＩＮＩＣ理論は、新設した素晴らしい研究開発環境の中央研究所で、社長の一真と研究所長、そして企画研究スタッフによる体制でスタートしていた。理論の構想着手当時の中央研究所における成果報告書を見てみると、次のようなＳＩＮＩＣ理論開発テーマに関する興味深い研究報告が見つかった。

(1)目的

技術予測を主体とし、独創的手法の開発および各種の手法の応用を試み、シード（技術のタネ）

ばかりでなく、ニード（社会の需要）を含めた広範な予測体系の確立とその企業の長期計画への適用を目的とする。

(2)成果

①ＳＩＮＩＣイノベーションの円環的展開の作成
②社会発展段階のワイブル分布曲線の作成
③未来についてのフリーディスカッション

(3)不具合事項

これまでの技術予測は、何が（What）、いつ（When）実現するのかが問題であった。しかし、今後の新技術や新製品は、いかに（How）、社会的、経済的組織に取り入れられ、いかなる影響をもたらすのかという面の予測が、より重要になるので、社会研究スタッフの不足が今後の問題になる。

特に、この報告書の中の最後に書かれた「不具合事項」の記述が興味深い。新たな価値としての技術や商品の社会受容性の予測を担える「社会研究スタッフの不足」を問題点として指摘している。１９６０年代後半当時の日本企業、特に製造業を想定すると、当然ながらプロダクト・アウトの全盛期であった。だから、未来予測とは科学技術の予測であり、何（What）が、いつ（When）実現されるのかを予測することであったのだ。それを決めれば、後は、どれだけスピーディに安く作るかを、エンジニアへの動機づけと科学的管理法を活用した効率的な生産を通じて、各企業がしのぎを削って競ったわけである。まさに、徹底したフォロワー戦略の時代であった。

しかし、本格的に長期の未来を予測するためには、「科学」と「技術」の予測だけでなく、いかに（How）「社会」に受け入れられ、価値化して影響を与えるのかを考えることが重要なのだと気づいていることが慧眼である。これは、欧米先進諸国でさえ、まだ到達していなかった未来予測の視点であり、追従すべきお手本の社会がない未来予測である。「未来」という文字通り、未だ来ぬ社会像を描くということであり、そのためには、社会の発展水準という視点から、マクロ経済学などの社会科学アプローチが、重要な要素として必要となる。

さらに、予想する技術が、いかに社会に受容され、使用が広がっていくのかという意味での、人間や社会そのものの研究が、とても重要なポイントとなることに気づいていたのである。そのために、社会学、文化人類学、歴史学、心理学、哲学や宗教的思想など、さまざまな人文社会科学のアプローチ、まさに、ヒューマニティ分野からの未来予測への取り組みの重要性を感じ取っていたのだ。

第2章

・

未来予測理論「SINIC理論」

・〝SINIC〟とは何か?

本書では、すでに「SINIC」という文字列を何度も使ってきたが、〝SINIC〟の意味するところの正確な説明をせぬままであった。

SINICとはSeed-Innovation and Need-Impetus Cyclic Evolutionの頭文字を取ったものである。オムロンでは、これを「サイニック理論」と読んで現在は使っている。

この〝SINIC〟の意味を日本語で表現すると、「科学が技術の種となり、技術は社会を革新する。そして、社会は技術に新たなニーズを与え、技術はその社会的価値によって、さらなる科学の発展に刺激を与える。そのような、円環的な技術革新の進化」となる。つまり、科学・技術・社会の三者の相互の影響による、技術革新の円環的進化を、未来予測理論として体系化したものである。

しかし、このような科学・技術・社会の相互作用は、単に放っておいて進行するものではない。円環的な相互作用が進み続けるための原動力となるものが必要である。それは、人間の欲望や意欲であると位置づけている。人間の進歩に向かおうとする欲望や意欲、志向性をエンジンとした推進力が、科学・技術・社会に作用することで、円環状の進化が活性化するということを表して

図 2-1 「SINIC」とは?

Seed-**I**nnovation and
Need-**I**mpetus
Cyclic Evolution

いる。

・SINIC理論＝理論＋シナリオ

ＳＩＮＩＣ理論は、未来予測理論である。しかし、理論であると共に、その理論に基づいた「未来シナリオ」をも提示している。それが、科学・技術・社会の進化を表す、ＳＩＮＩＣダイアグラムである。つまり、ＳＩＮＩＣ理論＝「理論」＋「シナリオ」、として構成されるものなのだ。

ＳＩＮＩＣ理論は、発表からすでに半世紀以上を経ている。つまり、発表当時に予測した未来とは、まさに現在進行中の私たちの世界である。そして、ＳＩＮＩＣ理論への関心は、特にここ数年で急速に広がり、さらに加速されて拡大しているという実感がある。その理由は、ほぼ一致している。それは、「50年以上前の高度成長真っ只中の時代において、ちょうど現在に相当する時期で、世界中で新旧の価値観の大転換が起こっていると予測した未来予測の高い精度」への驚きと評価の結果なのだ。

技術視点だけの未来予測であれば、情報化がさらに進むイメージに留まるものとなるであろう。しかし、人類史全体を俯瞰して、太古からの人間の価値観の移り変わりなどに基づいた理論体系から洞察したSINIC理論に基づけば、情報化が進む社会の中で、これまで長く続いてきた工業社会の価値観のままでは立ちゆかなくなり、同時に、まったく新しい社会の萌芽も生まれて、新旧価値観の大転換が到来し、渾沌や混乱の渦に巻き込まれていく未来を予測できていたのである。この理論の存在を知った多くの人々が驚き、共感を寄せてくれている。さらに、もっとSINIC理論について理解を深めたい、もっと先の未来をSINIC理論で描いていきたいという要望も、たくさん寄せられている。

しかし、これまでは、SINIC理論を知る手立てが、発表当時の論文や記事だけであり、私たちからの情報発信も限られたものであったことから、充分な理解ができなかったり、いつの間にか、SINIC理論の一部だけが独り歩きしたりするようなことも生じてしまっていた。

たとえば、SINIC理論のシナリオ部分のみに注目して、その根拠となる理論の存在を見落としているようなことも、よく見受けられる。

SINIC理論＝未来ダイアグラムという理解に留まってしまうと、2005年から2025年が最適化社会、その次に、自律社会がスタートして、2033年からは自然社会が始まるということだけが注目されて、予測と現実が一致したかどうか、「当たり」か「外れ」かという点ばかりに関心が向いてしまいがちである。また、「最適化」という言葉だけを見て、実際には混乱や不安が高まるばかりの現状社会に照らし、まったく予測が外れているではないかという誤った批判を受けることも少なくなかった。これは、ＳＩＮＩＣ理論に対する典型的な誤解の一つだ。

これまでは、さほど社会の目にふれることが多くなかったので、このような誤解や批判も気にせずにやり過ごしてしまっていたことは否めない。しかし、確かに、この半世紀の世界の実状、そして現状は、ＳＩＮＩＣ理論が描き出したシナリオに一致するところが多く、関心の眼差しが日増しに多くなる中では、ＳＩＮＩＣ理論の「理論」から充分に理解いただき、その結果として導き出されるシナリオであることを示す必要性を、私たちも自覚した。

その理由の一つには、じつは今からの未来こそ、ＳＩＮＩＣ理論の本領を最大限発揮できる時だという判断がある。「情報化社会」という予測は、１９７０年当時でもおおむねその延長線上に見え始めていた未来予測であった。それに対して、「最適化社会」という大転換、さらに転換の先に位置づけられた「自律社会」、さらには人類の新しい社会ステージとも位置づけられる「自然社会」という未来ビジョンの可能性は、これまで以上に大きく、社会にも大きなインパクトをもたらす価値を備えていると考えたからである。

さらに、大転換の時代が到来した今だからこそ、ＳＩＮＩＣ理論の理論体系を、再度見直して、これからの未来像の解像度を上げるためのアップデートを加える好機であるとも判断した。そこで、まず本章ではオリジナルの1970年発表時のSINIC理論について、共通の理解ができるように解説し、その上で今後の活用への理論のアップデートを次章で示すことにする。

●「未来予測理論」としての3つの特徴

SINIC理論には、大きく三つの理論的特徴がある。一つは、SINICという頭文字が示すとおりの「科学技術社会論」としての特徴である。二つ目は社会発展レベルのとらえ方に関する「社会発展指標」と、その「発展プロセス」に関する理論、そして三つ目が、「社会進化と価値観」の関係に関する理論、以上三つの理論の組み合わせで構成されている。

①科学技術社会論

まず一つ目は、三つの特徴の背骨をなすとも言える特徴である。「科学技術社会論」は、日本では2001年に科学技術社会論学会が設立され、科学と技術と社会のインターフェイスに発生する問題の顕在化や、その解決に関する研究分野として、人文・社会科学の方法論を用いて探求する学問領域にもなっている。学問領域としては、まだ新しい領域である。

図 2-2　科学・技術・社会の相互作用

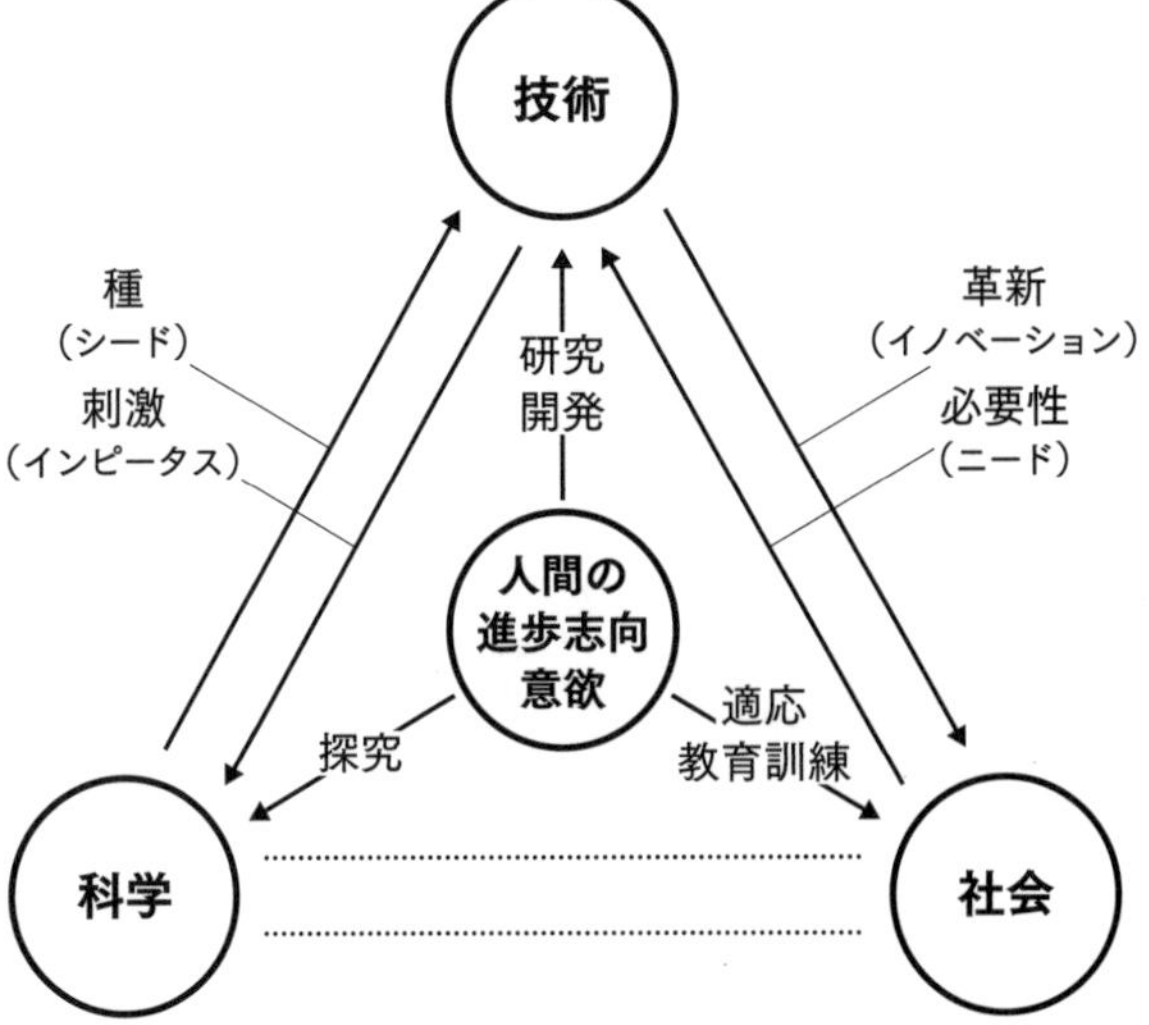

1970年に発表したSINIC理論の科学・技術・社会の関係性と相互作用については、今では目新しさを感じられないと見る人もいるが、前述のとおり、日本において科学技術社会論として旗を上げたのは、21世紀に入ってからのことであり、少なくとも半世紀前のプロダクト・アウトの当時としては、「科学技術」と「社会」のインタラクションに注目したことは、先見性の高いものであった。

科学と技術と社会の間の相互関係性については、すでに

〝SINIC〟の頭文字の意味するところとして述べたが、理論の構成の中でも最も基本となるところなので、再度、53ページの図2―2に基づいて説明を加えておく。

科学を始点として考えると、科学は技術として実を結ぶための種となる。そして、技術は社会を、人々の豊かさを増して発展する方向へと革新する。これが、科学→技術→社会という方向の作用である。一方、革新を遂げた社会は、そこで留まることなく、さらなる発展の実現に向けて、技術に対して新たなニーズを投じる。そして、技術はその社会的価値の裏づけをもとに、科学にさらなる発展への刺激を与える。これが、社会→技術→科学という方向の作用であり、両方向の作用がつながって、科学・技術・社会の円環的な相互作用として機能するのである。

そして、これら科学・技術・社会の相互作用のトライアングル状の環の中心には、人間の「進歩志向意欲」が位置づけられる。人間の進歩志向意欲とは、現状に対して、より豊かな社会をつくり、向かおうとする一人ひとりの意欲の総体である。つまり、人間の進歩への欲望が、科学、技術、社会、それぞれに対して作用を与え、三者の相互作用を加速、推進する原動力となるという考え方である。人間の進歩志向意欲が、社会進化のエンジンとなるわけだ。

そして、社会の革新可能性（技術的、経済的、文化的、価値意識的などの総合的な革新可能性）が、現状社会の進歩レベルを上回っている状態を、常に持続させることによって、円環的な進歩の相互作用の力も持続され、その差分が大きければ大きいほど、社会発展も加速されるという考え方である。

このことは、社会発展が進むに伴い、人々が社会の豊かさを享受して、その豊かさに対する満足度が上がるほどに、進歩志向意欲が減衰し、それによって革新可能性と現状レベルの差分も小さくなって、社会発展の加速度が弱まるということをも示している。そのままに放置しておけば、社会発展が収束してしまうということである。だから、豊かな社会が到来しても、さらなる豊かさ、より高い生活水準への道具の開発、所有、使用という欲望、人間の進歩志向意欲の絶えざる向上が、社会進化を停止させない要件となることを、1970年の理論発表当時の解説でも述べている。

この豊かさ獲得に伴う、人間の進歩志向意欲の減衰については、高度経済成長期を経て、成熟期を迎えている現在、確かに現実となりつつある兆しも生じ始めている。それゆえに、この科学・技術・社会の相互作用の原動力として、これまでどおりの「進歩志向」の再活性を目指すのか、成熟社会ならではの人間の志向性を新たに設けるべきか、その判断の結果をSINIC理論に組み込んでアップデートすべき時が来ている。

②社会発展指標とプロセスの理論

未来予測のアプローチは大きく二つに分けられる。一つはフォーキャスティング（過去の傾向から現状を考えて、それを延伸して未来を予測する）であり、もう一つはバックキャスティング（未来の目標となるビジョンを設定し、そこから現状へと逆算してたどり、未来を予測する）である。ＳＩＮＩＣ理論は、どちらかを選択したものでなく、両者を架橋して活用することによって、ビジョンと現実をつなぐ未来予測理論である。

そのため、まずＳＩＮＩＣ理論ではフォーキャストの傾向を見定めるために、社会発展の歴史を最大限に拡張して俯瞰的にとらえている。すなわち、１００万年前の人類史の出発点まで立ち戻り、そこを起点として人類史全体を俯瞰して、社会の発展指標として、何をパラメータとするのが最適なのかを選び出している。結論として、原始社会から自律社会までに至る社会発展度を測る指標は「国民一人当たりＧＮＰ（国民総生産）」が最適であると判断した。

ＳＩＮＩＣ理論構想当時の世界、特に戦後の日本社会は、高度経済成長の時代であった。そして、当時の生活水準レベルの比較尺度とは、まさに新しい技術に基づいた家電製品や自動車などの製品を所有できるという、社会を構成する一人ひとりの購買力と同等であり、社会発展指標を一人当たりＧＮＰとすることの妥当性は国際的にも受け入れられるものだったと考えられる。そ

図2-3　社会発展指標と発展プロセス

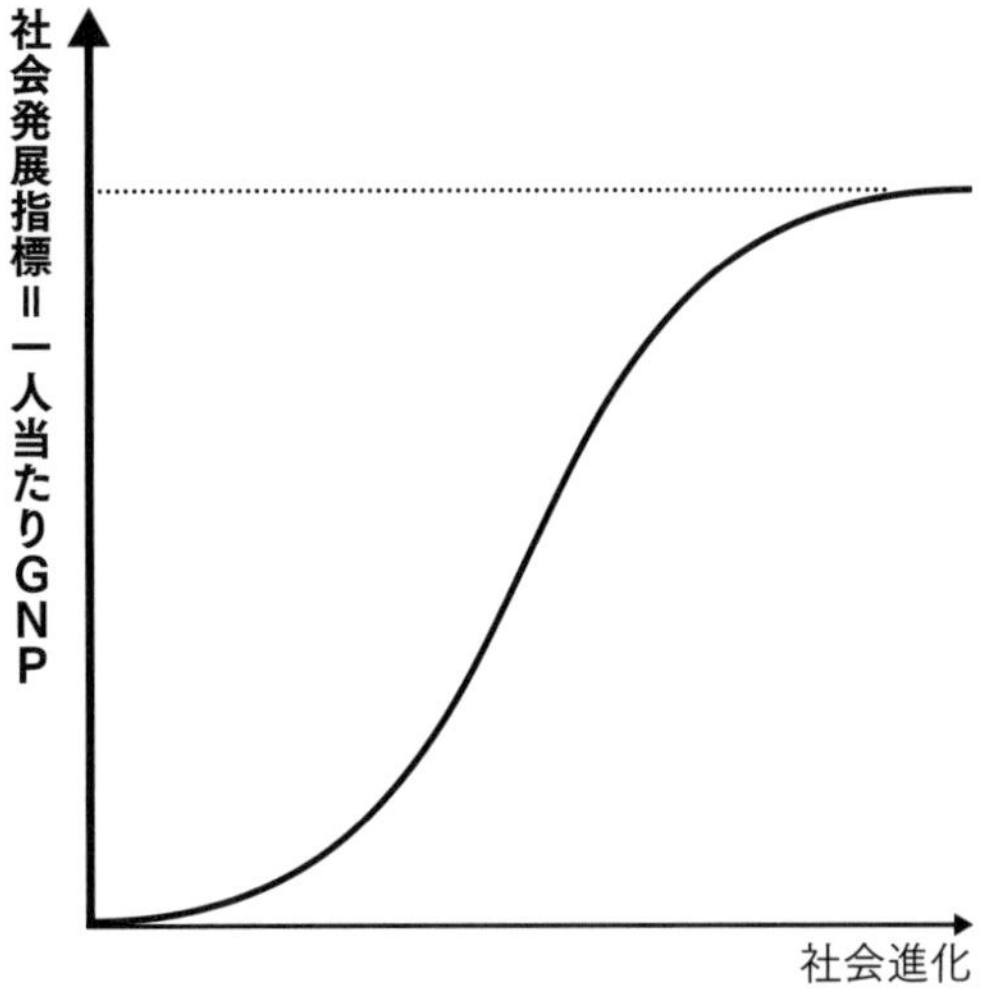

ういう考え方のもと、発表時のＳＩＮＩＣ理論は、社会発展指標を「国民一人当たりＧＮＰ（国民総生産）」という「社会的経済力」を表す単一指標で測定可能と考え、未来予測理論の特徴の一つとした。

　また、社会発展のプロセスとしては、国連から１９６５年に報告された、国民一人当たりＧＮＰの長期動向の推計値から、英国、米国、ソビエト連邦、日本の４ヵ国のデータに基づいて将来予測値を設定すると共に、原始社会以降の歴史上の社会の換算推計値の算定結果も踏まえ、国民一人当たりＧＮＰで表す社会発展は、ロジスティック曲線（成熟曲線）に近似させて考えられると結論づけた（57ページの図2―3を参照）。

その結果、社会発展が成熟段階を迎えるのは、一人当たりＧＮＰが４万米ドルを超えた時点であると推定し、その社会状態に至った発展段階を「自律社会」と位置づけたのである。そして、バックキャスティングにより、自律社会から、最適化社会、情報化社会とたどり、ＳＩＮＩＣ理論構想当時の自動化社会の只中につなぎ合わせ、さらには、原始社会からの社会区分それぞれについて、国民一人当たりＧＮＰの値を対応づけて、社会発展指標に設定したのである。

このように、二つ目の理論の特徴は、社会発展指標を国民の経済力水準に設定し、その発展プロセスを成熟曲線として表し、原始社会に始まる人類史と未来予測とした点に挙げられる。

ちなみに、直近（２０１９年）の日本の一人当たりＧＮＩ（ＧＮＰ指標は、現在ＧＮＩ（国民総所得）に変更された）は、４万１５１３米ドルであり、すでにほぼ横ばいの低成長時代が到来している。よって、ここまでの国民の経済力を指標とした社会発展の予測は、かなり高い精度にて現実となっていることに驚かされる。

しかし、この二つ目の理論的特徴においてもアップデートは必要となりつつある。ＳＩＮＩＣ理論発表当時は、その先に半世紀以上の未来予測期間があり、このような経済指標だけで発展指標とプロセスを設定することに違和感はなかっただろう。しかし、すでに２０２２年に至り、社会発展が成熟段階を迎えた中では、このまま経済力指標に基づいた未来予測の延伸は困難となっている。現時点の時代背景や価値観の変化にも適合した、これからの自律社会に向けた発展指標に対する考え方のアップデートが必要となっている。

社会進化と価値観の理論

そして三つ目は、社会進化の方向性に関する考え方である。SINIC理論では、原始社会から始まる社会発展と成熟に至るプロセスにおいて、その歴史的発展過程の考察から、社会進化の方向性は、その社会の中心的な価値観によって決まるとしている。

そして、人類史が始まった原始社会では、特段の道具も持たず、アフリカのサバンナから世界へと遊動を始めて旅立って、人類は「心」の世界に生きるところから始まったものと設定し、狩猟採集生活や農耕生活を始めたり、都市に定住して住まうスタイルが定着していく中で、次第に様々な道具を所有し、使用するようになりながら産業革命を迎え、まさに物質文明の只中、「物」の世界に生きる方向へと進んでいったと見立てている。

つまり、「心中心の価値観」から「物中心の価値観」に遷移していき、工業社会で物質文明のピークを迎えた後、再び、情報や感性など「心中心の価値観」へと、新たな経路を通って戻っていくという、ここでもまた心と物という二元的な価値観の循環を、社会進化のプロセスに取り入

図2-4　社会発展と価値観

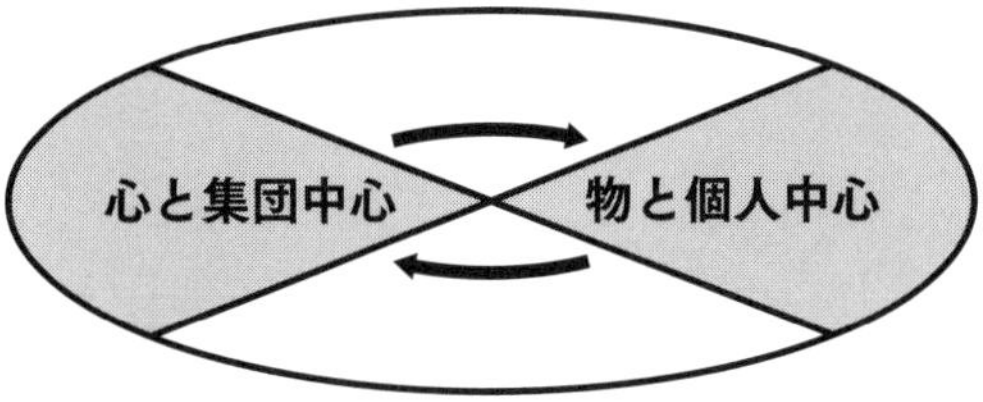

れている。
また、この心か物かという二元論に、集団中心社会か個人中心社会かという観点も加えて、心と集団が中心的価値観をなす社会と、物と個人が中心的価値観となる社会を行き来する進化構造を設定した。この設定については、当時の東洋的と西洋的というステレオタイプの文化観も反映されていると思われる(図2―4)。
ちょうど、SINIC理論を構築した1970年という時期は、はるか太古の心中心の価値観から発して、長い年月を経て、遂にその対極にある物中心の価値観の社会領域に位置することになる。そして、物質文明の慣性力がまだとても強い時期であるが、一方では、その方向性は再び心中心に向かい始めたかという時期だったのだ。
だから、SINIC理論を解説した資料の中には、「人類社会の永遠の繁栄を期するためには『物質的生産性』の追求が今後ますます重要になろう。そしてこれが、いまや人類の

図 2-5　社会発展のスパイラルアップ

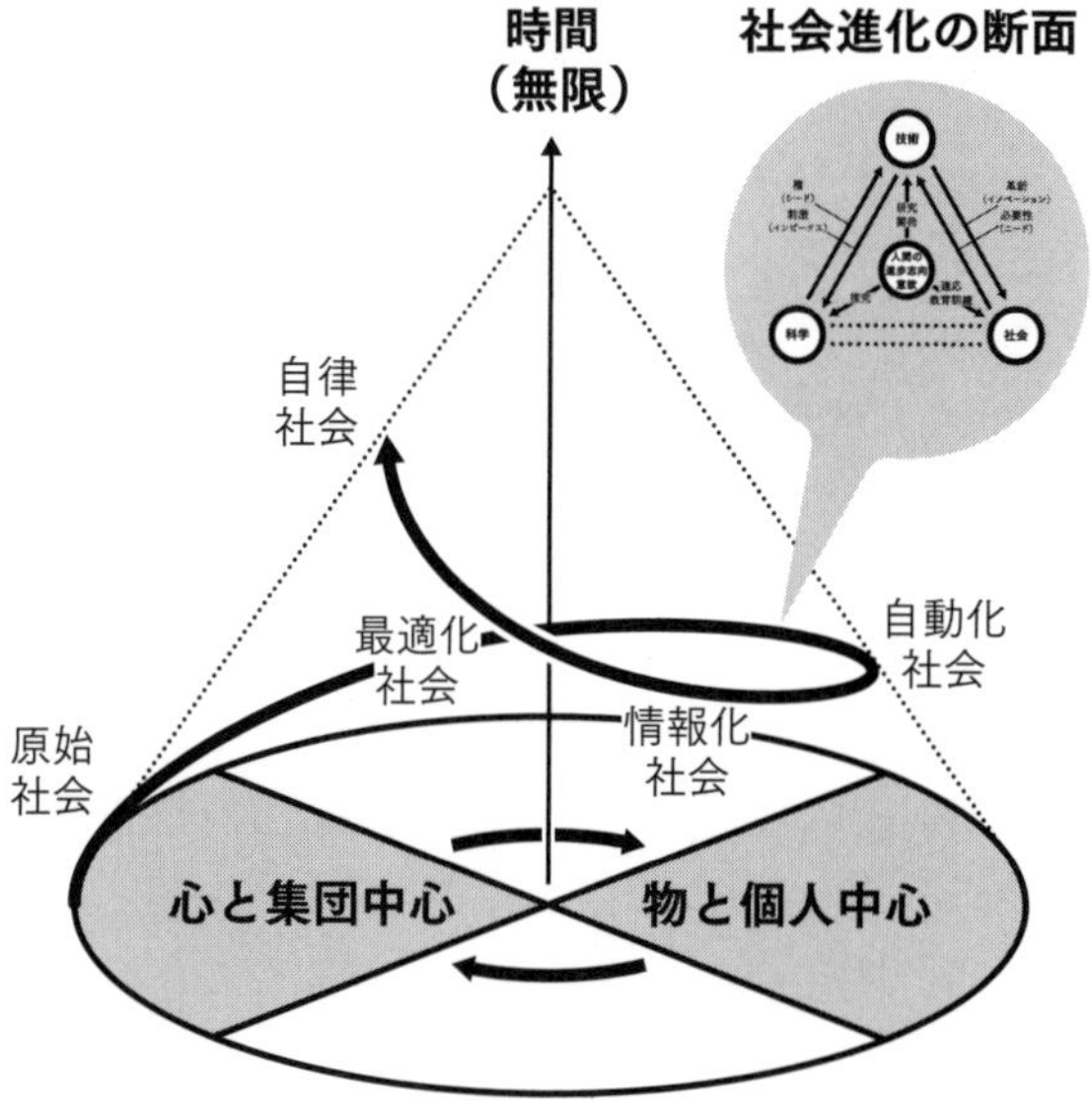

大きな課題なのである」と、目標であるけれど課題であるというアンビバレントな記述もなされているのが興味深い。

　また、社会進化は、図2―5のように、円錐形の側面を頂点に向かって、無限に螺旋状に登り上がっていくという考え方も、SINIC理論の特徴の一つである。つまり、SINIC理論は、この1周分の上昇を範囲とした、人類史に基づいた未来予測なのである。もちろん、人類史がこの1周で終わるということではなく、2周目以降も、このように螺旋状に上昇、すなわち社会進化を遂げていくというのが理論上の考え方である。

このような円錐イメージには大きく二つのメッセージがある。一つは、社会進化が進むに従って、進化の速度も上がっていくことである。人類史が、円錐形の底面から始まっているが、SINIC理論がカバーする予測範囲は、最初の1周分である。その1周の長さは、次第に短くなるし、進み方も、時間が経つにつれて、社会発展が進むにつれて、スピードが上がる。さらに、SINIC理論の予測範囲に続く2周目以降があれば、次の1周分の社会進化に要する時間は、さらに短縮されていくというわけだ。

もう少し具体的に説明すると、次のようになる。SINIC理論では人類史を俯瞰して、原始社会の心中心の世界から始まり、次第に物中心の対極に向かって発展していくものである。そして、再び心中心の、以前よりも社会発展レベルを上げた状態にたどり着く。この1周のうち、およそ最初の4分の1が原始社会から農業革命による社会発展に相当するが、その発展だけで100万年以上の長い時間を費やしている。これに対し、次の4分の1は、産業革命による物質文明の工業社会への道程に相当し、この期間は、たかだか数百年に短縮している。そして、次の4分の1が情報革命による社会発展に相当して現在に至っているが、これはもはや数十年間というレンジである。その先は、さらに短期間での発展が予測されることになるので、自律社会の期間はとても短くなると予想されているのだ。このとおり、人類史の実際を重ねれば、円錐形どころでなく、より急激な社会発展の加速であるが、概念としてこの特徴を理解してほしい。これが、SINIC理論における社会発展の加速理論である。

もう一つの円錐形イメージが示すメッセージは、社会進化の方向性が、その社会の中心となる価値観で決まり、また、特徴づけられるということである。

前述したとおり、SINIC理論では、心と物という二元論的な価値観軸上の往還でとらえている。そのため、心中心の価値観を始点として、物中心の価値観に向かい、再び心中心の価値観に方向づけられて進化するという予測理論である。ここで、イメージを円錐形としたことにもメッセージを読み取れる。すなわち、1周目の心中心と物中心の2項の価値観の距離(つまり、円錐形の底面の直径)よりも、2周目以降の2項の価値観の距離は短くなる。そして、頂点に向かって次第に価値観の往還のサイクルは短くなり、やがて対立軸ではなく、最適で中立的な理想的な価値観に基づく社会が訪れるという考え方だ。ある意味では、ユートピア論的な発想である。

社会進化と価値観の理論的特徴については、以上のとおりとなる。ここで、すでに気づかれたかもしれないが、これらの特徴を表すには、「円錐形」という立体イメージではなく、「三角形」の平面イメージでも表せるものではないかということがある。

三角形の底辺が、二元的な価値観を示し、底辺上の頂点から、上部の頂点に向かってジグザグに進化するイメージでも同じことを示せるからだ。確かに、発表当時のSINIC理論では、そのとおりであろう。しかし、発表から半世紀以上を経た現実からは、やはり「円錐形」の妥当性を感じ取れる。また、当時の東洋は心と集団、西洋は物と個人、というステレオタイプの文化史観も、現在では適切とはいえない面もある。それでは、円錐形の底面を、どのような考え方で設定するか、それが、さらにこの理論を活かしていく上で必要なアップデートポイントになると考えた。

● SINIC理論に基づく未来シナリオ

さて、ここまでSINIC理論の「理論」的な特徴を述べてきた。次に、この理論に基づいた未来シナリオについて、その特徴を解説する。

SINIC理論の未来シナリオは、科学・技術・社会の未来をダイアグラムとして表している。しかし、その中心には、人類史を原始社会からたどり、さらに未来社会を予測するという「社会予測」が太い背骨となっている。

まず、SINIC理論の未来社会シナリオ設定にあたっては、次の2点を起点としたシナリオであることを確認しておく。

規範的な未来社会の設定

図 2-6　未来ダイアグラムの算出式

$$P = exp\,(-0.1304\,T^{2.044})$$

P：社会的進歩レベル
（0.0：原始社会の始動～1.0：自律社会の完成）

$$T = log_{10}\,(M-t)$$

t：西暦年（BC100万年～M）、**M**：経済成熟時期

SINIC理論の理論的特徴である、心と物の二元論的な「価値観の遷移」、また、人類史を俯瞰した「歴史的発展経緯の延伸」という観点を踏まえ、10段階の社会発展段階を設定している。この結果、自動化社会にあった当時から予測した未来社会としては、「情報化社会」、「最適化社会」、「自律社会」を設定し、SINIC理論の、さらに先の社会発展の方向性として「自然社会」として規範的（理論的、必然的に、あるべき社会像）に設定している。

数学的観点を取り入れた未来社会出現時期の設定

これも、理論的特徴に挙げた「成熟曲線上をたどる社会発展」という観点を踏まえ、過去の実績と、当時の国際的な経済予測に基づ

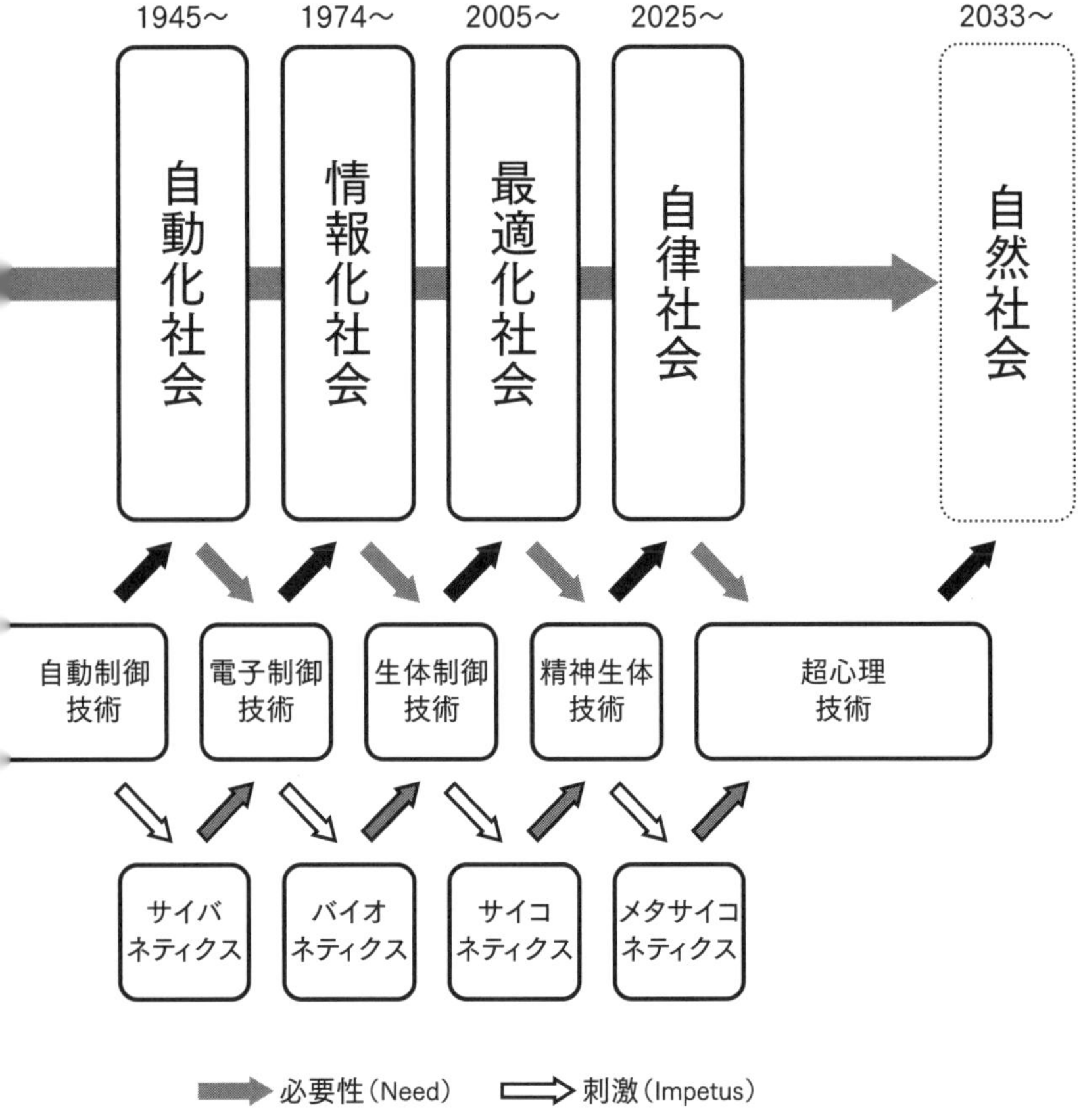
1945～
1974～
2005～
2025～
2033～
自動化社会
情報化社会
最適化社会
自律社会
自然社会
自動制御技術
電子制御技術
生体制御技術
精神生体技術
超心理技術
サイバネティクス
バイオネティクス
サイコネティクス
メタサイコネティクス
必要性（Need）
刺激（Impetus）

図 2-7　SINIC理論の未来ダイアグラム

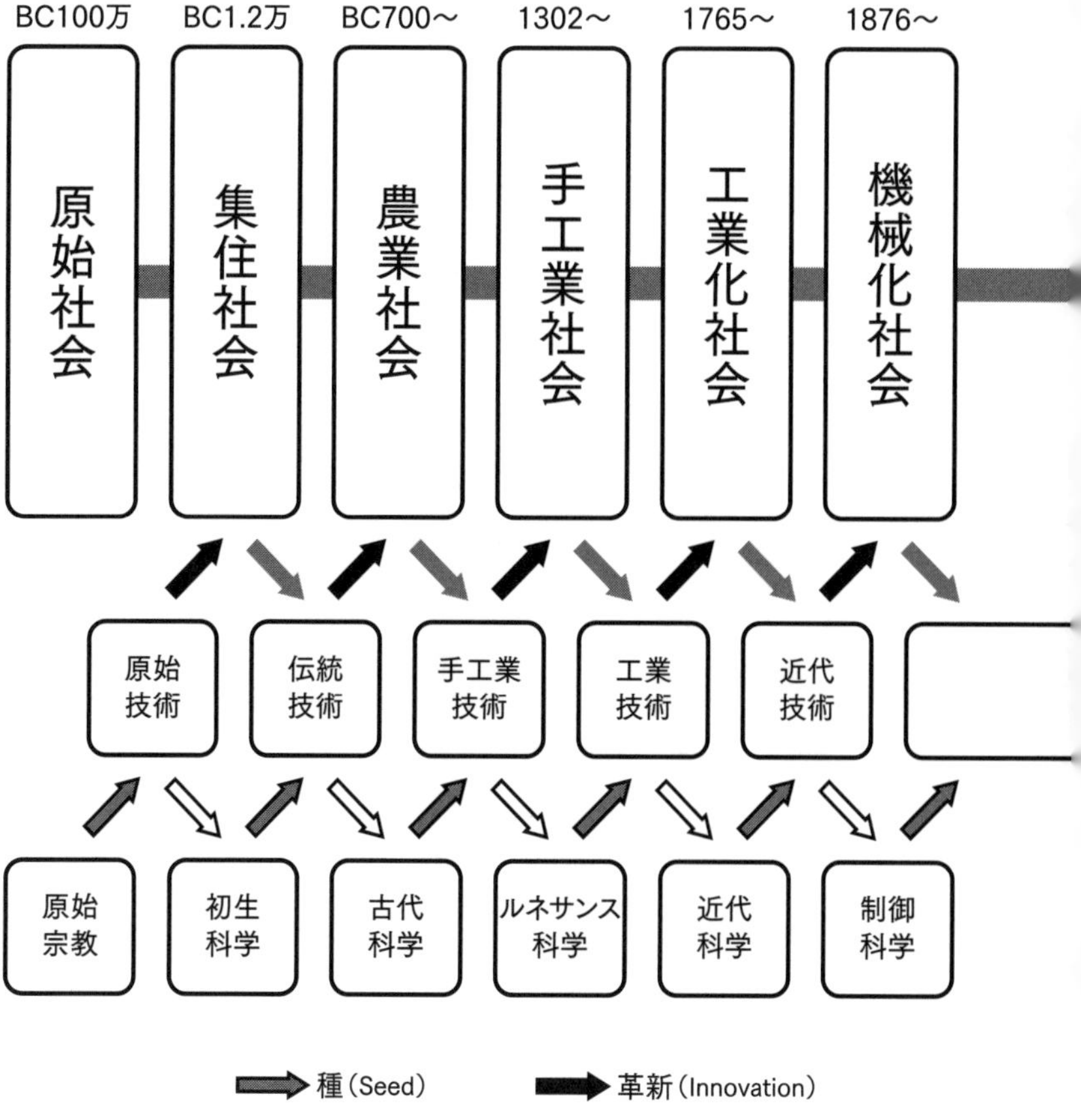

き、近似式を設定している。この結果、成熟期に達する時期（成熟曲線上の漸近線上の時点）を2033年に設定し、そこに至る各未来社会の出現時期の予測結果を算出している（65ページの図2―6を参照）。

このようなシナリオ設定の考え方から、人間の豊かさを経済水準で指標化して、成長社会から成熟社会の「自律社会」完成に至る10段階の社会を位置づけていた。そして、科学、技術、社会の円環的な相互作用による社会発展のダイアグラムとして策定された（66ページの図2―7を参照）。

10段階の社会発展区分の歴史解釈と未来観

このように、ＳＩＮＩＣ理論の未来シナリオは、先史以来の人類史に遡り、未来を見通した10段階の社会発展区分により策定された。本書では、未来のみならず、ＳＩＮＩＣ理論が俯瞰した原始社会からの歴史観の認識についても、理論構築当時の資料から背景認識を再度見直して解釈した上で、未来社会のシナリオについて説明する。これによって、規範的アプローチとしてのシナリオの流れもわかりやすくなるものと思う。

●「原始社会」から「集住社会」へ

推定一人当たりGNP：100米ドル以下

ＳＩＮＩＣ理論の社会の出発点は先史時代であり、諸説あるものの、これを紀元前100万年と設定した。人類史は「心」を大事にする原人による「原始社会」として発したものという解釈である。もちろん、まだ道具の存在も、それをつくる技術も、さらに所有するという観念もない社会という想定である。

人類は、比較的に安全と食料が確保されていたアフリカのジャングルから外に出て、見晴らしのよい平原で狩猟採集生活を営み始めた。そこでは、新たな発見もあっただろうが、生命の安全確保や、食料確保に対する留意も必要となり、自ずと集団をつくって生きることを始めた。

また、外に向かって、さらに獲物や採集物を求めて移動を始め、行動や意識のスコープを広げる中では、自然の中での障害、制約や限界などにより、内に向けた安心の希求や、言葉を持った人類ならではの交流、そして壁画の装飾などに見られるアートなど、心を通わせることの大事さに気づき、まさに、心のやすらぎ価値を重視した生活を送っていたと考えられる。

さらに、確実に必要な量の獲物や果実を確保し、動物たちから身を守りつつ、居住域を広げて移動して暮らしていく中では、人類は石造りの家屋を建て、そこで定住を始めた。家の周りで動物を飼育し、土地を開墾する暮らしの中では、石器等の道具もつくり、使い始めた。また、家族のみでなく、クラン（氏族）と呼ばれる共通の祖先に基づく血縁関係者で集まった住まい方も始めた。「社会化」の始まりである。

また狩猟採集や農耕を続ける中から、自然を客観的に精密に観察、記録することも始まり、天文学、数学、冶金学、解剖学といった、最も基本的な人類史初めての自然科学（初生科学）が芽生え、世界各地でほぼ同時期に四大文明が生まれた。

しかし、このような最初の経済活動のレベルは、一人当たりＧＮＰ換算が困難であるが、ＳＩＮＩＣ理論では、50～１００米ドル程度の推計レベルとして設定した。

●「農業社会」から中世へ

推計一人当たりＧＮＰ：１００～１７０米ドル

このように、道具が生活の安全と豊かさをもたらすようになり、西アジアや北東アフリカから世界へと広がった農耕と、その収穫物の価値が大きくなるに従い、「物」を重視する価値観も芽生えてくる。そして、商取引が生まれ、集住の規模が拡大していくと、多くの人々が集まる「都市」も生まれる。社会は、農業社会へと進化を遂げていった。

都市化、定住、農耕という社会の特徴は、災厄から逃れるなど、安心や安定を求めた、内なる心を重視する価値観をさらに強めていった。宗教の誕生と、その力の拡大は、その証左と言えよう。こうして心と集団を重視した社会は、狩猟採集社会から農業社会への変わり目の時代に、ピークを迎えたと言ってもよいであろう。

一方、農耕や牧畜が発展する中では、生産性を高めるため、人類は道具をつくり、使い始める。石器から、青銅器や鉄器など、よりよい道具を求めて作り出す営みや、その取引も大きくなる中で、次第に「物」の価値も大きくなり始めていく。

紀元前1000年頃には、都市国家ローマが誕生し、共和政治も始まる。同様に、イスラム帝国、インド、中国など、四大文明の発祥地を中心に、世界は大きく経済活動の発展を遂げ、数々の覇権争いや改革を経て、13世紀の中世社会へと至る。日本では鎌倉時代の末期である。

農業社会から中世へと社会が発展する中、一人当たりGNPは、100~170米ドル程度に上昇を始めたとSINIC理論では推計している。

「手工業社会」からルネッサンスへ

推計一人当たりGNP：約300米ドル程度

ヨーロッパ中世の産業においては、農業のみならず、毛織物生産等の手工業も生まれていた。また、心を重視する価値観は、宗教と強く結びつき、特にヨーロッパではキリスト教会の持つ社会的な力が強力なものになっており、十字軍の遠征も目的を達せられず、不安定な中で様々な社会の矛盾も深刻化して、暗い空気が立ちこめ始めていた。

そのような中、14世紀中頃に、西アジアからヨーロッパに渡って広範なペストの大流行が起こった。当時のヨーロッパの人口の3分の1の人が亡くなったとも言われている。この時期には、ペストだけでなく、赤痢、インフルエンザ、麻疹など多くの伝染病が蔓延して恐れられたが、特にペストの致死性は、身分の差にも関係なく、神や教会の力もあてにならず、人々は恐怖を募らせると共に、古い社会の力の支配から逃れ離れていった。

これが、14世紀イタリアに興り、16世紀までに全欧州に広がった、学問、芸術上の革新運動、ルネッサンスの端緒となる。それは、ギリシャ・ローマの古典文化を復興し、教会中心の中世的世界観から離れ、現世の肯定、人間性の解放、個性の尊重を主張したものだった。その影響は、芸術や科学のみならず、政治・社会・宗教など多方面に及び、欧州近代文化の基礎となった。ペストなどのパンデミックという大きな混乱と変化を経て、新たなパラダイムへとシフトしたのである。

ルネッサンス期においては、レオナルド・ダ・ヴィンチに代表されるように、近代科学の基になる、天文学、力学、工学、生理学、解剖学などの自然科学の分野で、次々に新たな発見があり、急速かつ大きな発展があった。ガレリオ・ガリレイやニュートン、コペルニクスといった近代科学のパイオニア達の偉業も、ルネッサンスの自然科学があってこそなされたものであった。ルネッサンスの三大発明と言われる、羅針盤、火薬、印刷はもちろん、手工業から、本格的な工業への発展の道が開かれ、続く工業社会に必要とされる技術の基礎が、様々な分野の基本的科学として発展した。

一方、コロンブスやマゼランの地理的な発見など、大航海時代の先頭に立ったイギリスは強い覇権を握り、経済力を高めて豊かさを獲得していった。また、それと共に、国内の数々の市民革命等を経て、それまではギルド（商工業者の職業別の組合）によって行われていた生産活動の制約を取り除き、自由な商工業の展開が可能となり、資本主義への端緒も開けた。

このように、ルネッサンス期とは、西洋社会の大きなパラダイム・シフトであり、混乱や渾沌、変化と発展の時代となった。日本においても、応仁の乱や南北朝時代を経て国内統一に向かい、ポルトガル人やキリスト教と、その文化や物品が入ってきたという意味では、同様に大きな変化の時代であった。そして、この時期を経て人々の価値観も、心だけでなく物の価値も大いに重視するようになり、また、個人の力も重視される方向へ、加速度がついて変化していった。これらにより、推計一人当たりＧＮＰは、３００米ドルまで上がった。

・産業革命が拓いた「工業化社会」

推計一人当たりＧＮＰ：３００～７００米ドル

こうして、約２００年間に及ぶルネッサンス期を通して、ヨーロッパを中心に人文主義が広がり、宗教改革がなされ、近代への自然科学の勃興と共に、東インド会社や銀行の設立などを経て、産業や経済活動も新しい時代を迎えた。日本においては、江戸時代が始まった頃である。

その中で、イギリスでは18世紀後半に入ると、水力紡績機が開発され始め、綿織物を中心に大量生産の時代を迎え、１７６５年には、ジェームス・ワットが蒸気機関を発明した。人力に頼っていた生産から、新たな原動力を得て、様々な製造において一気に大量生産が可能となり、工場制の生産形式がとられるようになった。「産業革命」である。

さらに、蒸気機関は列車にも使われ、大量高速輸送が可能となり、人々や物品の移動と運搬の効率は飛躍的に拡大して、商工業は急速な発展を遂げた。その中で、次々に新たな設備投資も進み、資本主義経済の成長加速度が加えられた。このように、生産や物流の革命的な進化が、本格的な工業化社会を成立させたのである。1851年、イギリスでは、第1回万国博覧会が開催され、世界万国から最先端の物品等が集められるなど、「物」を中心とする価値観が、きわめて大きくなっていった。

一方、この期間においては、イギリスの産業革命の他にも、二つの大きな世界的革命があった。一つは、王制に基づいた社会から、市民による共和制国家への大転換となったフランス革命である。そして、カント、ヘーゲルの観念論に始まり、唯物論や『資本論』のマルクスにもつながるドイツの哲学革命である。そこでは、集団よりも一人ひとりの「個人」中心の価値観が重視された。

こうして、工業化社会は、産業革命による技術革新と、哲学革命による経済社会の革新、そして共和制という国家統治の革命の中、近代資本主義社会の成長が加速される中で形成され、拡大していった。もちろん、推計一人当たりGNPも急増し、300~700米ドルレベルとなった。

第2次産業革命で開花した「機械化社会」

推計一人当たりGNP：700〜2500米ドル

18世紀後半からの産業革命を、第1次産業革命とすれば、その後の19世紀後半からは、第2次産業革命が始まった。数学、力学、電磁気学、化学等の近代科学の多くの成果が種となり、産業技術へと進化して開花した。そして、工業の発展は新天地となったアメリカ合衆国で活発となった。デイビッド・E・ヒューズのカーボン・マイクロフォンやグラハム・ベルの電話機システム、トーマス・エジソンの蓄音機や白熱電球など数多くの発明と、電気、電力が工業とつながる産業社会が始まった。

また、ドイツではカール・ベンツとダイムラーらが、内燃機関を開発すると、自動車の生産も始まった。20世紀に入ってライト兄弟が初の有人飛行に成功した飛行機も、改良を加えて飛行距離と速度を上げ、輸送機器製造も本格化していった。

2度にわたる世界大戦は、結果的に、このような機械製品の技術を発展させ、陸海空の様々な軍用機材の開発を促進した。また、戦争経験をもとに、国策として技術の研究開発に取り組む動きも生まれ、さらに民生用の機材への活用も進められ、製品と生産の機械化は急速に進んだ。

また、製品開発技術と共に、大量で高品質の生産が必要となった。精密加工や高速加工のための工作機械の必要性はもちろんのこと、それまでの機械製品が、受注生産型の製造であったのに対し、生産方式の抜本的な革新も必要となったのである。このため、作業の単純化と分業化を徹底して、製品のライン生産システムを採用した。フォード生産方式は、まさにこの成功例である。さらに、このような生産方式を設計するためには、生産管理の科学的手法も必要となった。テイラーの「科学的管理法」は、その代表となったものである。

工房から始まった手工業は、産業革命を経て、さらに機械化により大量生産が実現し、また、様々な製品が生まれたことや分業の徹底による職種の増大も加わり、「物」と「個人」を中心とする価値観による社会の特徴も極まった。その中で、社会発展レベルを示す一人当たりＧＮＰの推計値は、７００～２５００米ドルレベルまで飛躍的に上昇を遂げたのである。

・「自動化社会」の到来

一人当たりGNP：2500〜5000米ドル

第2次世界大戦の終戦後、戦勝国も敗戦国も、工業による復興のための科学技術振興を最優先して経済力の増強を図った。戦後の世界経済は、国際化も進み、競争も激化して、次々に市場で優位な新製品を投入し続けることが必要となった。日本においても、国策として欧米の工業先進国に追いつくべく、工業技術の国際競争力の強化に取り組み、終戦からの約20年間には、日本も含めて世界的に顕著な技術革新が興った。その特徴を、SINIC理論構築当時の資料では次のとおり箇条書きにしている。

・集中した科学産業の成長（化学、電子工学、航空、および、原子力産業など）
・合成物質の幅広い利用
・NC（数値制御）工作機械、およびコンピュータによる電子制御技術の導入
・体系的な方法の開発（システム・エンジニアリング）

・政府による大規模な研究開発プロジェクトの促進

これらの特徴は、フィードバック制御機能があるコンピュータを用いた、機械的自動化、ビジネスの自動化、プロセスの自動化として、機械化から生じた自動化が産業界で幅広く利用されるようになったことを示している。オートメーション時代の到来である。

ここで、オートメーション（Automation）とは、Automatic operationを略した造語であり、人間の労働の中でも、感知、制御、動作、連携等に関する作業を不要、または軽減する、高度に自動的な機械化、および、それを可能にする生産方法を指している。１９４７年に建設された、フォードの新工場で使われたことから始まり、１９５０年代には欧米で広く普及が進んだ。このオートメーションの発展は、飛躍的な効率向上を実現し、工業製品の普及が社会の隅々まで広がって人々が豊かさを享受する社会を実現させた。

初期の自動化は、コンピュータ制御ではなく、機械仕掛けの高度な制御機構による自動化であったが、１９７０年前後の時代からは、重化学工業や鉄鋼業など、重厚長大型の工場生産において、プロセスコンピュータや大型コンピュータの集中制御による生産システムの普及が始まった。また、自動化が必要となった要因として、ＳＩＮＩＣ理論では、①構成部品の数が10万点を超えるような、大型コンピュータや航空機、宇宙ロケットなどの、製品システムの巨大化、②複雑なサブシステムで構成される、教育やデータ処理、海洋開発、都市開発などのシステム産業が出てきたことも挙げている。

こうして、工業社会は絶頂期を迎えて、一人当たりGNPも2500〜5000米ドルレベルまで上がった。しかし、その増加傾向も、中心的な価値観も、さらに加速し顕著になったわけではなく、ピークを超えたという認識がなされた。

・システムとして社会や機能をとらえる、「情報化社会」の到来
1974年〜2004年

推計一人当たりGNP：5000〜1万5000米ドル

製品やサービスの規模や範囲が大きくなって、処理すべきデータも大量かつ複雑化する中で、システムとして社会や機能をとらえ、人の身体的な動作の自動化だけでなく、情報の処理や判断も自動化しようという動きが、1970年代に入ってから始まった。この社会を、SINIC理論では「情報化社会」と名づけて予測した。しかし、英語での表現は、Information societyではない。Cybernation societyと表したことは興味深い点である。サイバネティクスが科学の種となり、

電子制御技術が完成し、それによって革新が生まれる社会ということになる。

そこには、IBMが1964年に発売開始した大型汎用コンピュータIBM―360や、翌年発売された、DECの初のミニコンピュータPDP−8、テキサス・インスツルメンツの大規模集積回路（LSI）など、これらの機器やシステムが、商品として産業界でも導入可能になったことが大きく貢献している。それまでの、ハードウェアを中心とした工業社会から、ソフトウェアの価値が高まる情報化社会への移行とも言える。

システムとして対象を考えることによって、それまでのハードウェアの機械構造の制約や先入観から解放されて、機能を果たすための方法を抜本的に変えることも可能になったり、繰り返しの計算作業やデータ確認のような、本来は望ましいとは言えないが、人に任せざるを得ないとあきらめていた情報処理作業が自動化されたりして、生産性や人間性の大きな改善にもつながった。

SINIC理論の解説資料でも、この点が説明されており、情報化社会では、人間は機械化社会や自動化社会で必然的に築かれてしまっていた、人間性の喪失などから解放されて、自分たちの主観性や責任を確立するであろうと記されている。そして、この時代は、以下のような、生きがいのある生活を見つけることができる創造的な時代となるということまでリストされている。

・情報機能の重要性が非常に増大し、選択機能が強化される

- 絶えず変化する価値観の下で、評価基準の定量化へのアプローチが実用化される
- 論理と感情の組み合わせの結果として最適化された知識が得られる
- 高等教育が普及する
- 個人消費が多様化する
- サービス経済が進展する
- 社会的な要請によって、大企業の組織活動の多様化が促進される
- 社会、経済、産業、経営などの分野において、「管理された実験」や「成功する可能性の高い計画」などを可能にする知的技術が実用化される
- 従来の個々の技術レベルを超えた、コーディングや体系化などの新しいソフトウェアの技術システムが一般化する
- 単純な労働から人間を解放する自動化プラントが導入される
- 典型的な問題解決を機械化するマン・マシンシステムが一般化する
- ライフサイエンスに関連するサイバネティックスの幅広い応用と開発が進む。これは、バイオサイバネティックス（バイオネティィクス）と呼ばれる

以上のように、自動化による人間疎外など、工業社会の陰の面が現れ始める社会の中で、「物」

中心の価値観からの揺り戻しが始まることが示唆されているのだ。これは、一般的に語られる情報化社会の効率性の側面だけでなく、人間視点での社会発展の方向性という意味での社会の情報化である。これこそが、SINIC理論が、情報化社会を、インフォメーション・ソサエティ(Information Society)ではなく、サイバネーション・ソサエティ(Cybernation Society)と表した所以とも言えるだろう。

この段階での推計一人当たりGNPは、5000〜1万5000米ドルレベルとなるというのが、当時の予測である。

・再び人間視点への揺り戻しが始まる、パラダイム・シフトの「最適化社会」2005年〜2024年

推計一人当たりGNP:1万5000〜4万米ドル

半世紀以上前のSINIC理論構築当時には、情報化社会こそが近未来であり、だからこそ前節に述べたようなイメージを解像度高く描いていた。そして、その段階では、インターネットに

よる高度情報ネットワーク社会の具体的なイメージまでには至っていなかったのも事実である。

当時としては、最適化社会は、さらにその先の長期的な未来社会予測であったわけだが、すでに現在は「最適化社会」の只中に位置づけられるところまで進んできた。ここに、SINIC理論構築当時の想定と、現在の実状の差異も生じてしまうのはやむを得ない。しかし、本節の最適化社会やそれ以降の社会観は、まずは理論構築当時の資料に忠実に解説しておくことにする。そして、次章以降で、現実となった最適化社会を踏まえた今後の展望を開いていきたい。

このような考え方で、再度、SINIC理論を1970年に国際未来学会議で初めて発表した時の論文資料に立ち戻り、「最適化社会」の解釈を確認してみると、以下のように記述されている。

「この社会では、男女の個人および社会の要求が変化し、このような要求を満たすための最善の方法を見つける機能が開発される。

従って、最適な情報のための選択的機能の増大によって、個々の能力に従って最も適した快適な仕事を見つけることが可能となる。

そしてこれは、社会全体の最適化につながる。これに続いて、男女(知識レベルが機械と代替される程度の人を含む)が、美術工芸を復興し、個人的サービスをより尊重する社会的状況において、仕事を得ることができる手法が開発され実用化される。

個人と社会は、二重の一元的関係であるとされる。体系学の観点では、システム全体およびサブシステムの、それぞれの最適化への方向性について、バランスがよく取れている。我々はこれを最適化の最適な組み合わせと呼びたいと考えている。この社会では、前述の情報化社会を経た知識そのものの性質は、大きな変化を経験し、知識は全ての人にとって最も重要な位置を占めるようになるだろう。

従って、社会全体の最適化のための技術の開発が、社会全体をより標準的にし、高度に進んだ科学と技術の助けによって、自然、人間環境、および、人間性そのものを管理することが可能となるだろう。

特に、精神現象は、暫定的にサイコ・バイオネティックス（サイコネティックス）と呼ばれる分野で扱われることになるだろう」

以上が、1970年の論文中に見られる「最適化社会」に関する記述である。かなり、「最適性」の実現に向かう社会進化の姿を際立たせて説明している。しかし、この前提には、それまでに綿々と続く経済成長を導いてきた工業社会から、大変化を遂げていく過渡期としての社会設定がある。それは、価値観や行動の大転換も要する、かなり大きなパラダイム・シフトであり、それまでどおりに滑らかに延長される未来社会とは違うということを忘れてはならない。

・最適化の大変化を経た先の「自律社会」2025年〜2032年

推計一人当たりGNP：4万米ドル以上

同様に、最適化社会の先に到来する「自律社会」、さらに、SINIC理論の予測の先にある「自然社会」の解釈も、可能な限り忠実に、発表当時の資料から抜き出してみる。

「この社会は、共同時代で始まった意識的な管理の社会から、管理のない自然社会への移行を示している。

この社会に生きる人々は、本当の変化を経験する必要がある。そうでなければ、困難の無い、秩序あるこの社会では、人々が弱体化してしまう恐れがある。なぜならば、人類の長い歴史の中で、B・ラッセルによって示されている三つの闘争（自然との闘争、他の人間との闘争、自分自身との闘争）に直面した際に現れた抵抗力が、人類の進歩に多大な恩恵を与えてきたからである。

私たちは、永続的に豊かなレジャー社会を確保した中で、何をモチベーションとして、何が報酬としての役割を果たす中で生きるのだろうか?

暫定的にメタ・サイコネティックスと呼ばれる、高度に進んだ超心理学とその関連分野のおかげで、社会の各メンバーは、社会からの顕在化した管理または彼ら自身によって困難な状況に陥ることなく、自律的に行動することが可能となるであろう。

後者のケースは、そのおおよその限界を多少理解しているため、潜在能力を最大限発揮できる成長段階でわずかに見られる場合がある。価値は、何か新しいものを創造することにのみに存在し、社会のメンバーは自然の寿命を超えて生きることが可能となるだろう。

超心理現象の解明は人間の能力を大いに増大し、より高度な社会であっても、自然社会は、人類のユートピアとして追及されるであろう。その時までには、このような超心理現象に対処するための超技術革新による一時的な混乱は、乗り越えられるであろう。個人間の直接のコミュニケーションの技術は、テレパシーでそれぞれがコミュニケーションをとることができるような、最も高い発展段階となるだろう。

このような人間革命によって、人間社会は、無知や欲望が支配する、不幸で非人道的な時代を終えて、英知と善意が広く行き渡り、平和と人間の生活が最も重要であるとされる社会へ完全に転換されるであろう。このようにして自律社会と呼ばれる社会が実現してきている」

このように、自律社会とは、意識的なコントロールが社会からなくなった自然社会に到達するための過渡期という位置づけで説明されている。

・ハイパー原始社会としての「自然社会」2033年以降の未来

そして、「自然社会」は、以下のとおりである。自然社会は、SINIC理論の予測の範囲の外側となるが、次のサイクルのスタートとして付け加えられている。

「人間社会は、最適化社会の時代における村落共同体から、自律社会を迎えてクラン（氏族）社会へと発展する。さらに、この自然社会の家族共同体へと発展する。つまり、人間社会の形態は、原始社会の時代へと、循環的に戻っているように見える。しかし、これらの未来社会は、原始社会と共通する特徴を持っていても、まったく異なる進化を遂げた社会となっていることに気をつけなくてはならない。

精神と物質、そして、時間と空間という二元論の間の一元論的な関係において、活力が湧き出て、生きる歓びが追求される。

上記の説明から明確であるように、循環的な社会発展の1サイクルの終点に位置する自律社会は、もうそこの角の先にある。現在、テレパシーや幽霊の出現のような、精神的または心理的現象は、科学とはかけ離れたものとして考えられている。しかし、近い将来、このような現象は、我々にとって非常に重要な問題となるだろう」

以上が、1970年の国際未来学会議で発表したSINIC理論の未来シナリオの概要である。読者のみなさんは、このシナリオについて、どのように感じたであろうか。共感を持てるシナリオの流れだったであろうか。

繰り返しになるが、今から半世紀以上前の未来予測であるのに対し、すでに現在は、このシナリオの社会区分では「最適化社会」まで到達している。そこで、本書では、SINIC理論発表当時の「未来」である、情報化社会、最適化社会というシナリオが、充分な予測たり得ていたのか、現実と乖離していなかったのかを、次節で簡単に実状に照らし合わせて検証してみることにする。

・SINIC理論の予測は正しかったのか？

すでに、SINIC理論が予測したシナリオのうち、「情報化社会」（1974〜2004年）は過去の歴史となった。今は「最適化社会」（2005〜2024年）の終盤にさしかかっている。まずは、このすでに過去となった情報化社会の実像を、SINIC理論の予測した社会像と照合してみよう。

この理論の検討が進められていたのは、1960年代の後半である。SINIC理論では「自動化社会」と位置づけられている時代だ。そこでは、「制御科学」が種（タネ）となり、「自動制御技術」が芽生え、製造業を中心とする産業界にオートメーションをもたらした。その、飛躍的な生産性向上のおかげで、多くの人々が、最先端の電化製品や自動車などの耐久消費財を持てるようになって、物量で満たされた社会が実現し、暮らしは劇的に、安全、快適で、豊かに変わっていった。

さらに、生産工程のオートメーションが進む中では、産業や事業のプロセスや、社会のシステムのオートメーション化へのニーズが高まっていった。一方、「サイバネティクス」という科学分野が種となり、制御技術と通信技術が融合した「電子制御技術」が芽生えて、コンピュータにによる情報処理のオートメーションが可能となり「情報化社会」が到来する。現実に起きたことも、まさに、ＳＩＮＩＣ理論の予測したシナリオどおりであった。

コンピュータ時代の幕開けと共に到来した情報化社会は、物の製造の分野であるファクトリー・オートメーションだけでなく、事務処理の分野にも、オフィス・オートメーションとして広がった。この情報化社会の到来を見通していたオムロンでは、近未来社会の隠れたニーズ、すなわち、ソーシャルニーズの創造を進め、「キャッシュレス社会」、「交通システムの自動化」などに向けた技術と事業の創造に向かったのである。

さらに、大型のコンピュータによる集中処理型から、現場で働く人や、家庭で使う人の手もとで処理できるパーソナルコンピュータへと分散化が進む方向性をとらえた事業展開も進めた。電卓、店舗のレジスター機器、銀行のＡＴＭ機器、ネットワークコンピューティング時代を見据えたＵＮＩＸマシン、情報通信のパーソナル化の端緒とも言える携帯電話に関連する周辺事業などである。もちろん、その中には厳しい市場競争に巻き込まれて撤退した事業もあったが、ＳＩＮＩＣ理論の情報化社会というシナリオの潮流を確かにとらえて、未来を先駆けて事業を展開していったのである。

そして、１９９０年代に入るとパソコンは分散型の情報処理にとどまらず、インターネットという通信ネットワークの技術革新により、新たな情報化のステージを迎えた。さすがに、ＳＩＮ

IC理論のシナリオには「インターネット」という言葉は出てこないが、単に「情報革命」と表さず、「サイバネーション革命」という表現を使っていたことからも、「通信ネットワーク」技術による社会の革新を見通したシナリオであったことがわかる。情報制御と共に、情報通信を含めて情報化社会を予測した予測シナリオも実現したというわけである。すでに過去となった情報化社会の予測については、見事に実際の姿と符合していた。

・現在進行中の社会は「最適化社会」なのか？

そして現在、SINIC理論の予測シナリオでは、「最適化社会」（2005〜2024年）の終盤まできている。果たして、今現在の世界は「最適化社会」なのだろうか。結論から言えば、最適化社会はSINIC理論の予測に基づくシナリオどおり、その特徴をもって到来し、今もその渦中にある。そして、「最適化社会」というSINIC理論独自の未来コンセプトが、現状の社会像を見事に描き出せていたからこそ、今、こうしてSINIC理論は世の中の多くの人々、未来ある若い人々に注目され、共感され、拠り所として位置づけられている。手前味噌にはなるが、この予測の精度は、結果として極めて高いものであったことは事実だ。

しかし、未来社会をテーマとした講演会などで、「私たちは今、最適化社会の終盤を迎えたタイミングにいるのです」と話をすると、参加者からは「今の混乱状況や、社会課題満載の世界の状況は、最適化どころか『最悪化』ではないか。普通に考えれば、この現状や暗澹たる近未来を、最適化社会と呼べるはずがない。なぜ最適と言えるのか？」と質問を返されることも少なくない。じつは、この点が「最適化社会」の概念を理解する上での大きな誤解であり、なおかつ、正しい理解のためのポイントなのだ。

それを説明するために、再びＳＩＮＩＣ理論の三つの特徴に戻って確認してみよう。まず、一つ目の「科学技術社会論」から見ると、現在はサイバネティクスが進化した「バイオネティクス」という科学分野が種となり、「生体制御技術」が生まれると共に、情報化社会において一人ひとりの人間が、それぞれに適した生き方を選択し、生きる歓びを最大化できるような最適な状態に向かって「化けつつある」時代、文字通り「最適化」が進んでいる社会である。「最適社会」とは違うのだ。

次に、二つ目の特徴である「社会発展指標と発展プロセス」から見ると、最適化社会は、一人ひとりの経済力を指標として、社会発展をとらえてきた上での成熟段階に到達しつつあると表せる。このことは、日本のみならず、先進国を中心として経済成長は鈍化し、低成長時代が続いているという実態と符合している。また、発表当時に設定した最適化社会における一人当たりＧＮＰの数値自体も、もちろん当時との為替レートの違いはあるが、４万米ドル強にて符合している。

そして三つ目の特徴の「価値観遷移とスパイラル状の社会発展」についても、物の価値から、サービスや経験の価値を重視する価値観に変化しつつあると共に、いわゆるＤＸ（デジタル・トランスフォーメーション）の潮流も本格化する中、物が中心の価値観から離れつつあるのは誰もが認めるところであろう。

このように、社会変化の実状は、ＳＩＮＩＣ理論の理論的説明と符合したものであり、最適化社会は、情報化社会から進んできた、社会における情報の最適化と共に、最適な社会、すなわち次の社会発展段階である「自律社会」に向けた、パラダイム・シフトの時代として、予測したシナリオ上で変化を遂げてきた。

●最適化社会の入口、情報化社会の出口

ＳＩＮＩＣ理論の未来予測の特徴の一つである「最適化社会」という時代区分については、これまでも多くの方々から「情報化社会」と何が違うのか、何をもって区切りとしているのかが問われた。その答えは、すでに述べた社会特性のとおり、情報化社会は、システムの考え方に基づいた、情報処理の自動化が進む社会であるのに対して、最適化社会は、情報処理の結果が社会の最適化に活用される社会という違いである。

しかし、この説明だけではわかりにくいので、SINIC理論のシナリオによる最適化社会の出現予測時期、すなわち2000年代の前半に、何が社会に起こり、どんな技術や道具が登場していたかを確認しながら考えてみよう。

情報化社会は1974年から2004年までの30年間として未来ダイアグラムに位置づけられている。この時代は、まさに、大型の汎用コンピュータが普及し、さらにはパソコン、インターネットへの接続という情報通信ツールの進化のプロセスに重なる。固定電話から携帯電話への進化も同様、「全体」から「個」へと主体が向かっていく進化を遂げた30年間だった。

その後、2000年代に入ってから、どんな道具が社会に普及しただろう。それを思い出してほしい。情報通信の分野で最も大きな新たな存在は「スマホ」である。これに異を唱える人はいないだろう。スマホの誕生をたどると、1990年代初頭のIBMの製品が始まりだと言われている。しかし、普及が進み始めたのは、もう少し後になる。2005年に日本では、「W-ZERO3」というシャープ、WILLCOM、マイクロソフトの三社共同開発による情報デバイスが誕生し、2007年にはスティーブ・ジョブズ率いるアップルが「iPhone」をアメリカで発売した。それを追って、グーグルもAndroidによるスマホを発売、世界的なスマートフォンの普及が加速度的にスタートした。これによって、インターネットに接続するデバイスは一気に増加した。ある調査結果によれば、2003年から2010年の間のインターネット接続デバイスの数は、世界で5億から125億へと25倍に急増している。まさに、2000年代の大きな道具の変化であることがわかる。

このように、スマートフォンは、インターネットに接続したことにより、それまでの通話と伝言の通信手段の延長線上にあった携帯電話とは、明らかに一線を画した道具として社会の変化を生んだことは間違いない。スマホを持てば、誰もがインターネットに接続可能となって、世界中の情報にアクセスできるようになったのである。これこそが、SINIC理論における情報化社会と最適化社会を区切る道具であり、社会を革新させた技術と言える。

また、道具の変化だけでなく、道具を使ったコミュニケーションの変化も、この時期の特徴である。それは、SNS（ソーシャル・ネットワーキング・サービス）の登場と利用の急拡大だ。フェイスブックの登場が2004年、ツイッターは2006年に登場している。インターネットの進化段階の説明として、1990年代後半のような、限られたごく一部の人や組織の情報発信者が掲載するホームページ上の情報を閲覧する、一方通行の時代をWeb1.0と呼ぶ。次にブログやSNSなど、フェイスブック、ツイッター、インスタグラム、ユーチューブなどのアプリで、誰もが情報発信でき、双方向のコミュニケーションがネット上でできるようになった時代はWeb2.0と呼ばれるが、このWeb2.0によって、個々人が求める情報と直接つながり、さらにコミュニケーションできるようになった。まさに、情報コミュニケーションの最適化である。

さらに社会の変化としても、ＥＵ（ヨーロッパ連合）の発足、アラブの春と呼ばれたアラブ地域の民主化運動などの政治に関わる大変化や、マネー経済の崩壊となったリーマンショックによる世界不況といった経済の大変化も、同時期に世界で発生した。まさに従来の体制からの大きな変化の始まりとして、ＳＩＮＩＣ理論の２００５年から始まる最適化社会の予測は、じつに的を射たものであったのだ。

・SINIC理論は、この先の未来予測にも活かせるのか？

こうして見ると、ＳＩＮＩＣ理論は、半世紀以上前の未来予測理論であるのにもかかわらず、現在に至るまでの社会、そして科学技術の動向を確かに予測できている。特に、情報化社会の先に最適化社会という非連続な大変化時代の到来を予測していたことの価値が大きい。これは、規範的に定めた10段階の社会発展段階の設定と、それらに対して適当な関数式を導き出して適用したという、ＳＩＮＩＣ理論の独自性が優れていたということの証左である。

それならば、このまま何の修正も必要とせずに、ＳＩＮＩＣ理論に任せて、自律社会という社会発展のゴールを目指せばよいのだろうか。この数年間、わたしたちＨＲＩでは多くの学識者やビジョナリー、未来への高い関心や意識を持った若い世代のみなさんと、様々な機会を設けて、これから先のＳＩＮＩＣ理論のシナリオや、その源となる理論の妥当性について議論を重ねてきた。

これらの議論において、特に重視した論点は、「ＳＩＮＩＣ理論は、これからの未来に対しても持続的に活用可能で、多くの人々の共感を得られる『理論』たり得るか？」というところにあった。その背景としては、半世紀前には想定し得なかった、次の三つの影響が、理論のアップデートを必要としているのではないかと考えたからである。

①この半世紀の間の「地球環境の変化」
②この半世紀の間の「科学技術の革新」
③この半世紀の間の「人間の志向性や社会の価値観変化」

特に、社会発展の1周期の最終ステージを迎えてからの「人間の価値観」、「人間の欲望」の変化の視点を、自律社会の解像度を上げて描き出していくために重視して、アップデートすることも必要であろうと考えた。また、すでにほぼ10年先に迫ってきた２０３３年という未来シナリオの終点は、理論の修正によって延伸可能なのかという点についても、見解を明示できるようにしたいと考えた。すなわち、自律社会の終点、自然社会の始点は、２０３３年以降になるのではないかと考えていたのである。

そして、このような論点に基づいて議論を続けて、ＳＩＮＩＣ理論の不易と流行を見定め、アップデートの方針を次のように設定した。

①理論体系の基本構造は、オリジナルのまま不易の理論体系として活かす
②理論上の特徴点は、社会の実状や価値観の変化に基づきアップデートする
③未来シナリオは、活用者の目的に沿って多様な解釈や具体化を可能にする
④自律社会のシナリオ解像度の向上により、シナリオ延伸活用の可否を判断する

これらの方針に従い、多くの議論の結果も踏まえて、アップデート点としてまとめたポイントを次章で説明する。

第3章

よりよい未来づくりへのSINIC理論アップデート

・アップデートする理論、アップデート可能にするシナリオ

前章で述べたとおり、ＳＩＮＩＣ理論には三つの理論的特徴がある。

①科学・技術・社会の円環的相互作用の理論
②社会発展の指標と発展プロセスの理論
③社会進化と価値観の関係理論

これら三つの理論体系は、現段階からさらに未来を予測していく上でも、ＳＩＮＩＣ理論の特徴として不易の価値を持っているということが多くの識者やビジョナリーの方々との議論を経た結論だ。議論における、ＳＩＮＩＣ理論の「理論」に関する学識者やビジョナリー、若い世代の共感度や関心の高さは、想像をはるかに超えたものであり、驚くと共に、改めてこの理論を１９７０年に完成させた、当時の社長である立石一真や、中央研究所の所長・スタッフの方々の発想力と慧眼を感じた。

そこで、この理論の枠組みを、今を生きる、そして未来を生きる人々の、さらに大きな共感を

得られるように、前述の三つの特徴それぞれに対して、発表から半世紀以上が経過した中での価値観や志向性の変化の実状に基づいてアップデートを加えることにした。

また、これからの社会においては、ますます「知の共有可能性」が重要になると考え、ＳＩＮＩＣ理論をオムロンという一企業のみで囲い込んで使うのでなく、社会で共有して、社会と共に、よりよい未来をつくるために活用できるオープン・ソースとしていくことを決めた。

このオープン・ソースの方針のもとに、今後の未来に関するシナリオを、活用目的に沿って、より具体的に描き出し、共創によるシナリオの多様性を確保できるように、一義的なシナリオを提示するのではなく、未来社会のコンセプトや社会潮流のキーワードを示し、それ自体をも継続的にアップデートして発信していけるように整備していくことにした。

1 科学・技術・社会の円環的相互作用のアップデート

・科学と社会の相互作用 ――可能性・夢・倫理――

この第1の理論ポイントは、図3―1に表したとおり、科学と技術、技術と社会の相互作用が円環状につながって進化することを示している。一方、これまでに、オムロンのウェブサイトなど、一般的に使われているSINIC理論の図解では、科学・技術・社会のそれぞれを三角形に据えた構図を使っていた。一見、この三角形が円環状の3者のつながりを示しているように見えるが、科学と社会の間の相互関係の記述はなかった。

図版などでも、科学と社会の間は、実線ではなく点線で示されている。円環は、あくまでも技術を中心に、科学と社会との相互作用が働くという図3―1の構造を指していたのである。

確かに、SINIC理論構想当時は、技術による社会の革新、社会からの新たな技術を求めるニーズ、この技術と社会の間の関係が次々に生まれて、圧倒的な力で工業的発展を遂げた時代で

図3-1　科学・技術・社会の相互作用

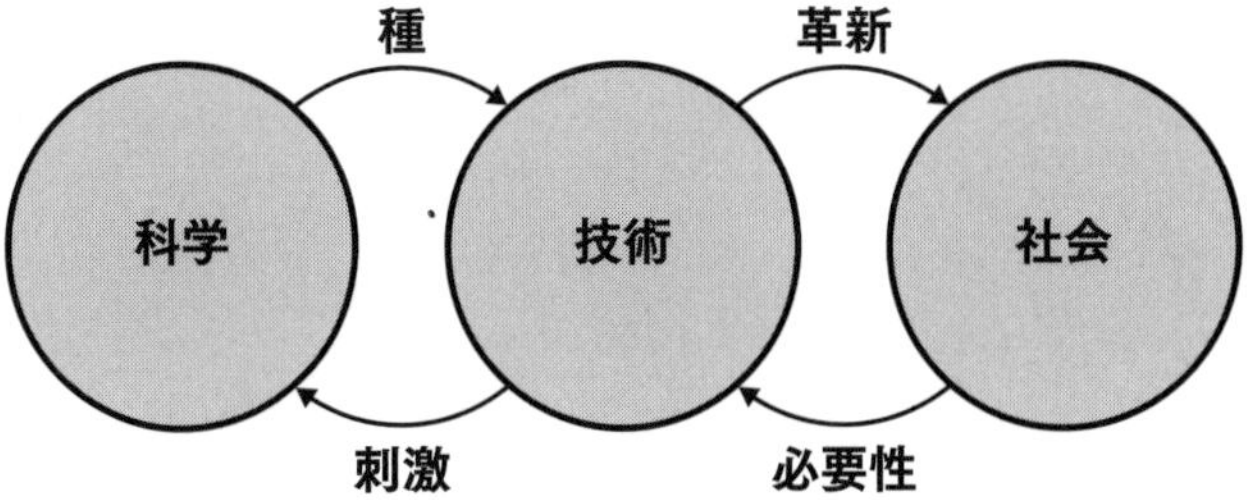

ある。もちろん、科学と技術の間でも、トランジスタやIC（集積回路）の分野を例にとれば、大いに相互作用が働いていたことは想像できる。しかし、1970年の大阪万国博覧会の展示にしても、多くは技術革新をテーマとしたもので賑わったのが事実である。科学は、さらに先にあって、当時としては「科学とは福音」であり、疑いなく「社会に恩恵をもたらす源泉」、「合理的精神の体現」として、社会からは遠くに存在していたことが想像される。当時の制御科学やサイバネティクスという分野で言えば、まだまだ相互作用と言えるほどに顕在化した関係になっていなかったのが実状だ。

しかし現在、当時と比べると、科学と社会の間の関係は格段に近づいた。明らかに実線の双方向性が生まれ始めている。社会を構成する私たち一人ひとりの社会参画能力のレベルが、この間の社会発展の中で向上し、科学は社会とは無関係で、専門家だけが考えることではなく、科学が社会に恩恵をもたらすことに一点の疑念もないほどに、何でも信頼して受け入れられるものでもなくなったのは確かだ。そして、一人ひとりの市民が、科学に対しても知識と生活実感を持って向き合い、関係を結べるようになった。少なくとも、その兆しが生まれ始めている。これは、SINIC理論の発表から半世紀を経た、社会発展の大きな成果でもある。

そこで、このアップデートを機に、科学と社会の間の相互関係も加えて明記することにした。科学は、社会に対して「可能性」という期待を喚起させ、社会は科学に対して、さらなる想像力から「夢」を投じるという相互作用を加える。

また、さらにもう一つ、社会から科学に向けて投じられるものとして「倫理」を加える。「倫理」というと、小難しい理屈や堅苦しい縛りのようなイメージを持たれるかもしれない。しかし、ここで今回のアップデートポイントとして加えた意味は、そのような「倫理」ではない。類似した言葉である「道徳」のように、人として守るべき道のような行動規範を指しているのではない。また、普遍的な真理でもない。

一人ひとりの市民が、暮らしの様々な場面で科学の存在、情報と向き合った時に、個人の立場で迷ったり、悩んだり、疑ったりすること、そういう日常を生きる中で次々に遭遇する科学に対する、極めて個人的で具体的な「問い」として「倫理」を意味づけた。社会が科学に対して提示する迷いや悩みや疑問などを、科学に対して問いかけて、よりよい解を求めていく態度、行動としての倫理である。

たぶん、それはこれまでのように、私たちの、社会の利便性や快適性、安全性向上のための「物」の生産を中心とした工業社会を経て、「身体」や「心」に関わる科学技術の兆しが顕れてきたために生まれ始めたと考えられる。遺伝子にまつわる医療分野の生命科学、人工知能やロボティクスなどに関係する脳神経科学、エネルギー供給にも関わる原子物理学や量子科学、軍事利用に関連する科学など、これからの科学の兆しを眺めれば、自ずと「問い」が生まれてくる。

これに関連して、科学技術社会論の分野では、〝ELSI〟と呼ばれるテーマが、世界的にも盛んに議論されるようになっている。ELSIとは、倫理的・法的・社会的課題（Ethical, Legal and Social Issues）の頭文字をとったものだ。先行するヨーロッパだけでなく、国内でも、国立研究開発法人科学技術振興機構（JST）の社会技術研究開発センター（RISTEX）において、2020年度からELSIに関するプログラムがスタートしたり、大学の講座も設置が進み始めている。

このような科学に対する眼差しは、SINIC理論の構想が進められていた1960年代後半にも兆しがあった。水俣病やイタイイタイ病などの公害問題、1972年にローマクラブが『成長の限界』で世界に警鐘を鳴らした資源枯渇問題なども、その一つだろう。新しい技術が生まれるたびに、新しい社会の課題が生まれる。しかし、その課題も、また科学技術が解決して発展を遂げてきたのが、これまでの成長社会であった。しかし、成熟期を迎えた今、諸手を挙げて無条件に科学技術を信じて受け入れるのでなく、一人ひとりの暮らしの視点から批判的な眼差しを向けて参画することが可能に、また必要にもなっているのである。それこそが、人間の自律でもあり、自律社会へと発展するための要件であろう。

・科学と技術と社会の相互作用の原動力
――進歩志向から共生志向へ――

科学・技術・社会の間の相互作用に関する理論において、もう一つのアップデートポイントは、その三角形の中心に位置して、三者の相互作用の加速の原動力となっている「人間の進歩に向けられた意欲の志向性」に関するものである。

SINIC理論では、「人間の進歩志向意欲」が、科学・技術・社会への影響を与える原動力となると位置づけられていた。原始時代からの人類史をたどる時、まさにこの人間の意欲が、三者の発展を促し、社会全体の発展加速度を増し進めたことに疑いない。

なぜならば、SINIC理論の社会発展プロセスの特徴を見てもわかるとおり、社会発展の成熟曲線における変曲点の手前までは、加速度が増す一方のプロセスであり、前進すなわち経済的発展の成長を、何の疑いもなく追求し続けてきたからである。

成熟曲線の前半後半を分ける変曲点は、SINIC理論では1945年と設定してシナリオをシミュレーションしているが、この時期の社会は「自動化社会」の真っ只中であり、「物」中心の価値観による社会である。物の豊かさが社会の豊かさ、人々の幸福と完全に一致した社会である。科学と技術は、物量的な豊かさを実現するために進歩し、そこから生じる問題は、その豊かさとは比較にならないほど小さく、さらに、それらの問題も科学と技術によって解決可能だと信じられていた。いわゆる、「テクノ・ユートピア」思想が、絶対多数から強く支持され、量的な成長と拡大を目指していた。つまり、社会発展尺度とした量的経済力である一人当たりGNPの増大こそ、疑いなく進歩志向意欲の向けられた目標だったはずだ。

しかし、自動化社会に続く情報化社会以降は、次第に成長の加速度が小さくなる。自律社会を終えようとする今後の未来には、当初のSINIC理論における社会発展指標に定めた「一人当たりGNP」という国民の経済力は、漸近線上で定常化して加速を止めてしまう。

確かに、日本の1人当たりGNP（GNI）による経済成長率を見ると、2005年に428万1000円であったのに対し、15年後の2020年が441万2000円であり、この間の成長率はわずか3％足らずとなっている。明らかにシナリオどおりの低成長経済時代の到来が確認できるわけだ。世界を見渡しても、傾向としては先進国経済の成長は明らかに鈍化し、低成長をたどっている。このような状況下でも、科学・技術・社会の原動力として、人間の進歩志向意欲、成長志向意欲を据えたままでよいのだろうか。

また、1992年に国連がリオ・デ・ジャネイロで開いた、環境と開発に関する国際会議（いわゆる「地球サミット」）を契機に、世界は気候変動問題等の地球環境の持続性確保に向けて、その動きを強化している。さらに、2001年に策定されたミレニアム開発目標（MDGs）に始まり、その後継として2015年に国連加盟国が全会一致で採択し、地球上の誰一人取り残さないことを誓った「持続可能な開発のための2030アジェンダ」の目標に、2030年を目指して取り組むSDGs（Sustainable Development Goals）、さらには2050年までに、温室効果ガスの排出を全体としてゼロにするカーボン・ニュートラル、脱炭素社会の実現を目指した宣言など、人類だけの発展でなく、地球環境全体の持続可能性を確保するための動きが次々にスタートしている。

このような世界の未来潮流からは、もはやこれからの未来に向けて、成長への進歩の志向性よりも、他者や他の生物、地球環境との「共生」や、質的な充足を求める「成熟」による持続可能性に向けた進歩の志向性の方が、より価値あるものとなってくることが明らかにわかる。多様性や包摂性の観点でも同様だ。共生こそが、豊かさの実現につながる社会へと、確実に社会が向かっている。そして、人間は意志を持って共生に取り組める。

こうした世界的な社会背景をもとに、この理論的アップデートとして、今後のよりよい未来をたぐり寄せていく原動力としては、人間の「進歩志向意欲」から「共生志向意欲」への転換が必要であると考えた。この転換は、SINIC理論の最終段階から、さらにポストSINIC理論とも言える、次の未来予測への展開可能性にも有効である。

・人間の志向性と社会の関係
――社会への適応から「参画」へ――

科学・技術・社会の相互作用と、その原動力となる人間の意欲の志向性の二点についてアップデートができた。この結果として三点目のアップデートすべきポイントも導かれる。

それは、三角形の中心にある人間の意欲の志向性が、科学、技術、社会に向けて発せられる行動に関するアップデートである。オリジナルでは、次のような行動が示されている。

①意欲から科学：「探究」
②意欲から技術：「研究・開発」
③意欲から社会：「教育訓練・適応」

この三つの人間の行動のうち、科学と技術に向けられた行動は、対象となる科学や技術に向けた主体性のある行動である。一方、社会に向けられた行動である「教育訓練」や「適応」というのは、ある意味で、社会からの要請に応えて、人間が社会進歩に追従していくための行動である。

確かに、高度に社会発展が進む工業社会の成長環境の下で、科学技術も日々革新が加速され、人間はその環境変化に適応することが、よりよい未来に向けて生き続けることそのものであった。そのために、変化の先にある新たな環境に円滑に着地する教育訓練を受けることは、とても重要な行動であったに間違いない。

しかし、これまでの延長線上とは異なる、非連続な未来に向かう最適化社会という変化の時代を迎えた現在、人間は、これまで同様に変化を受け入れて適応し、そのために教育訓練を受けるという姿勢よりも、新しい未来社会を創り、たぐり寄せるための「参画」という主体的な行動が大いに必要となる。

よって、これまでの受動的で、均質的な教育訓練を中心とした個々人の社会との関係性を、能動的で多様な適応を可能とする「参画」と修正して、よりよい未来づくりへの、科学・技術・社会という三方向に向けた、人間の能動的な参画行動の構図で考えることが重要になると考えた。

以上の三つのアップデートを踏まえ、図3―2に表すとおりの「科学・技術・社会の円環的相互作用」に関する理論的アップデートとした。

図 3-2　アップデート版「科学・技術・社会の相互作用」

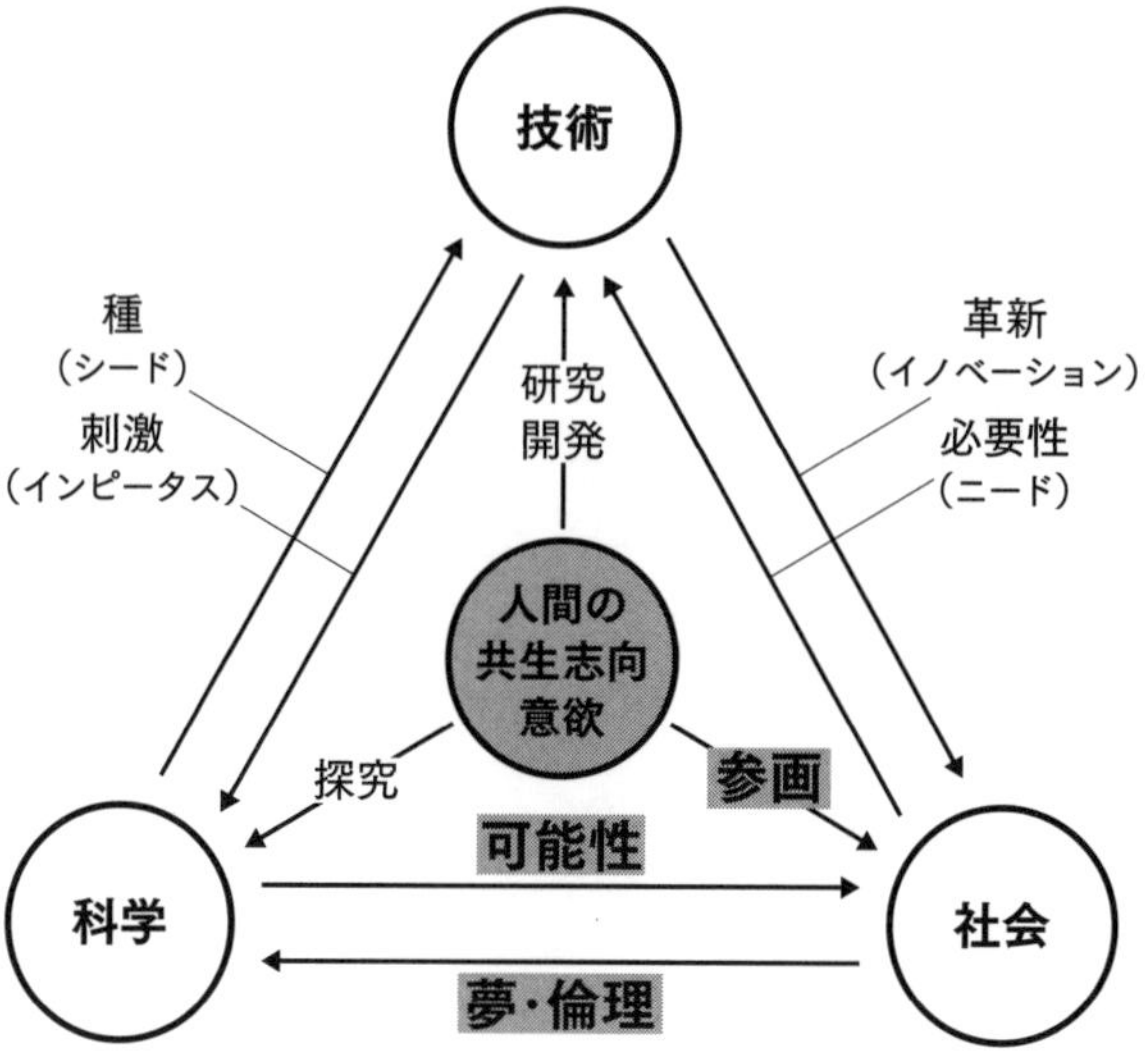

2 社会発展指標と発展プロセス理論のアップデート

・経済単一指標から、多様な価値基準による多元的指標へ

第2の理論的特徴である、社会発展指標とその発展プロセスについても、アップデートを加える必要がある。すなわち、もはや社会の経済力を示す一人当たりGNP（現在のGNI：国民一人あたり総所得）で社会発展の尺度を設定できなくなっているという社会変化への対応である。

社会の経済力の尺度においては、SINIC理論が示す成熟曲線の発展予測のプロセスのとおり現実となっていることは、この十数年間の一人当たりGNIのデータの推移に基づきすでに説明したとおりだ。もはや、これまでのような経済の量的成長はなくなりつつある。中でも、物量的な成長の減退は大きい。成熟時代の戦略への転換が急務だ。

SINIC理論は、原始社会から自律社会までを1周期とした社会発展プロセスの未来予測理論であるから、その予測範囲内で現在の実状と照らし合わせると、極めて優れた予測理論であったということが証明されたことになる。

しかし、その予測範囲の終点（２０３３年）が近づく中、その先の未来社会を、新たなスパイラルアップの、よりよい社会発展サイクルにつなげていくためには、このまま社会発展が減速して衰退し、朽ちていく社会として放っておくわけにはいかない。原始社会以来の人類史のビッグヒストリーを俯瞰して、ここまでの社会を的確に見通してきた理論であるだけに、ここで終わらせてはならない。

成熟期の到来が現実となった今、次の発展プロセスを、いかなる尺度を設定して構想するか、そこに、どのように未来創造をつなげていくか、少なくとも、その方向づけを定めておく必要がある。

このような、ＧＤＰ（国民総生産）や、ＧＮＩ（国民総所得）といった従来の経済指標に代わる、これからの豊かさを測る指標については、近年、国際機関や大学研究機関などで、多くの研究も進められ始めている。

たとえば、２００７年にＥＣ（欧州委員会）、ローマクラブ、ＯＥＣＤ（経済協力開発機構）、ＷＷＦ（世界自然保護基金）によって「ＢＥＹＯＮＤ ＧＤＰ」という国際会議が開催されている。その目的は、社会の発展状況を測定する尺度として最も適当な指標は何か、そして、それらをどのように意思決定のプロセスに統合し、好適な議論の中に活用するのが望ましいのかを明らかにすることであった。その背景には、国際的な意識調査の結果、約７割の人々が、もはやＧＤＰ等の経済指標では、社会の豊かさや、幸福度は測定できないと感じている結果などがあった。

この調査は、ケニア、ロシア、ブラジル、中国なども含む世界11カ国で実施されたものであり、決して先進国の人々だけが感じていることではない。そのくらいに、社会発展尺度を経済単一指標で測定することへの違和感は世界中で顕在化している。そして、気候変動、貧困、資源枯渇、健康、QOLなどの観点を含めた、多元的な観点からの測定が必要となっていることを指摘した調査結果であった。特に、経済指標だけでは測れない、今後の未来社会の豊かさとしては「人々の生活の質（well-being）」と「地球環境の持続可能性（Sustainability）」の観点が挙げられる。もちろん、その基盤には、貧困格差の解消という側面での経済指標も不要というわけではない。

実際に経済指標の代替尺度に関する具体的な取り組みには、古くはブータン王国の国王が「国民総幸福量（GNH）は、国民総生産（GNP）よりも重要である」として、1972年に提唱し、その後も話題となったGNH（国民総幸福量）がある。これは、「持続可能な社会経済開発」、「環境保護」、「伝統文化の復興」、「優れた統治力」という四つの柱を基に、「心理的幸福」、「時間の使い方とバランス」、「文化の多様性」、「地域の活力」、「環境の多様性」、「良い統治」、「健康」、「教育」、「生活水準」の九つの指標に基づく全72項目で国民の豊かさを表せるように設定されたものだ。海外や日本でも荒川区や浜松市などで、これを応用した独自の指標が政策目標となった。

また、OECDでは2011年から「OECDよりよい暮らしイニシアチブ（BLI: Better Life Initiative)」をスタートさせた。この会議では、人々の暮らしの質に大きく影響する11分野、288項目による、ウェル・ビーイング指標BLI（Better Life Index）を設定し、OECD加盟国中の38カ国の比較を可能にしている。この分野の中には、「社会とのつながり」のような非経済的価値や、「主観的幸福」のように人それぞれの価値基準に基づく自己評価の結果も組み込まれているところが興味深い。

さらに、2012年に国連が「持続可能な開発会議（リオ＋20）」にて発表した「新国富指標（Inclusive Wealth Index）」は、「現在を生きるわれわれ、そして将来の世代が得るだろう福祉を生み出す、社会が保有する富の金銭的価値」を表すものとして設計されている。現世代だけでなく、その先の未来世代が受け取る富（ストック）を試算して、真の豊かさを測るところに特徴があり、今後の活用拡大も期待される。

このIWI指標は、「人工資本」、「人的資本」、「自然資本」から構成されており、経済、健康、環境の多面的な観点からの評価の特徴から、「包括的な富」という表現がされており、まさにSDGsの目標達成にもつながる有力な指標であろう。

以上のように、新たな豊かさ指標の策定は、現在、様々な試行錯誤が積み重ねられて作り込みが進んでいるところである。そこで、改めて、これらの背景にあることを整理しておこう。

そもそも、なぜ経済指標が豊かさの指標として使われてきたのか。それは、現代の自由社会においては、人々が多様な価値観を持つため、政府が国全体で目標とすべき単一の価値観を設定して統制することが難しいという、自由社会ならではの前提による、政治哲学に基づいているからだ。そのために、自由社会では、やむを得ず、価値中立的で可測性のある貨幣で置き換えられる経済成長を、社会の目標にせざるを得なかったというのが、これまでの有力な見方である。確かに、少なくとも近代以降の社会では、それが有効に機能を続けてきた。

しかし、その指標により、政策目標が設定されて、成長が急速に進んだ20世紀工業社会の物質文明を登った後には、気候変動、貧富の格差、資源の枯渇など、もはやこれ以上大きくしてはならない、解決すべき負の遺産が積み残されてしまった。知らぬ間に、豊かさどころか、生命を脅かすようなレベルに至ってしまっていた社会課題が顕在化し、その深刻度合いに驚き、解決へのアクションの必要性に気づいたのが21世紀に入ってからの世界というわけだ。SINIC理論で言えば、それが「最適化社会」という新旧大転換社会の始まりに相当する。そして、全世界での社会課題の解決に取り組み始めたのが、2030年までの解決のための目標であるSDGsというわけだ。

そうなると、貨幣に置き換えることのできない、「見えないもの」や「測れないもの」の価値を、なんとか測る手立てを設けることが必要となった。また、価値中立的とは言うものの「一つの尺度」で万人の豊かさを測ることができないほどに、価値観の多様化が進んだ時代の到来にも気づき始めた。近代工業社会以来続けてきた、社会を一つの市場という塊に見立てて扱うことが困難になってきたのだ。

これまでは、社会という母集団の塊の形は、正規分布の山型でとらえることで扱ってこられたが、物から心へと重視する価値観もシフトしていく中では、一人ひとりの価値観の個別性が大事になり、一つの山として扱うことができない時代が到来した。社会の豊かさ、発展レベルは、一つの塊として単一指標で測れるものでなく、一人ひとりの個人の多様な基準で測った結果の総和というような考え方でとらえるべきものに代わる。

だから、「自律社会」までのシナリオを予測したＳＩＮＩＣ理論が、そのゴールに無事に到達し、さらに次の「自然社会」からの発展サイクルに最適に連結を果たすためには、これまでずっと続けてきた、目指すべき単一の目標を設定して豊かさを測り、政策目標に向けて実行する社会進歩の考え方を終了する必要がある。

この成熟期の社会、さらにそれが進化する未来社会だからこそ、「社会を構成する一人ひとりの価値観」の基準に基づいた、一人ひとりの幸せの向上の社会総和が、社会発展であるという考え方を導入すべきである。そこで、ＳＩＮＩＣ理論のシナリオの最終段階を迎え、次のサイクルへの連結も考慮した理論的アップデートとして、「単一の経済指標を尺度として測る社会発展」から、「一人ひとりの価値基準に基づく、一人ひとりの豊かさと満足の社会総和」という概念と

図 3-3　アップデート版「社会発展指標と発展プロセス」

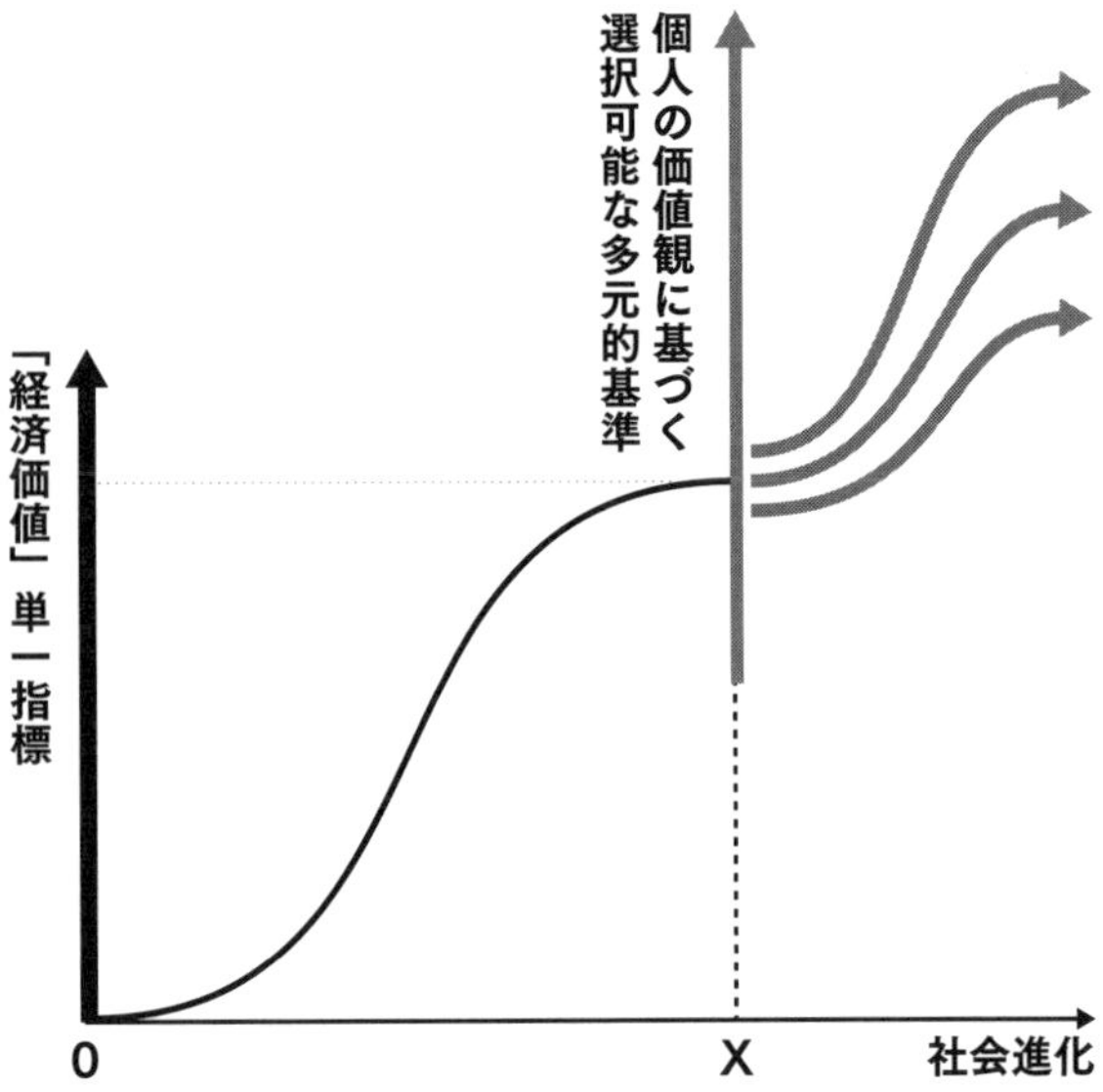

してのとらえ方への修正を図3—3のとおり行うことにした。もちろん、それらの価値基準には経済的価値も含まれるわけだ。

もはや、自律した人間の多様な価値基準は、強制的に一つの可測性のある価値基準に集約して計測する必要はなく、まずは一人ひとりが感じる豊かさを見いだすという考え方に修正して、「自然社会」以降の発展プロセスを準備していこうという考え方である。今後は、この考え方の指標化についても検討を進めていく必要がある。

3 社会進化と価値観に関するアップデート

・心⇕物の二元論から、心⇕物・集団⇕個の座標平面上の社会進化へ

第3の理論的特徴は、社会の中心的な価値観の遷移が社会進化を方向づけるという観点であり、オリジナルでは「心」中心の価値観と「物」中心の価値観という二元論の往還で表していた。また、当時の資料をよく読むと、心中心の価値観のもとでは集団を重視するということで、心と集団をセットにして「心中心の価値観」と設定されている。同様に、物中心の価値観のもとでは個人を重視するという考え方がとられ、物と個人をセットにして「物中心の価値観」と設定され、人間社会は、この両者の二元論の往還で表せるとされた。

しかし、心と集団、物と個人、という二元的な構造は常に固定的に成立するものだろうか。確かにこれまで、精神文明を中心とした集団主義的な文化を東洋的価値観、一方、物質文明を中心とした個人主義に基づく文化を西洋的価値観と位置づけて議論されることは、多くの人が納得し

やすい対比構造として用いられることは多かった。しかし、これは今もなお、そのとおりなのだろうか。

「物と個人」、「心と集団」を、それぞれセットにして価値観として語れないことを示す例は、いくつも挙げられそうだ。つまり、「物と集団」、「心と個人」という組み合わせによる価値観も成立するということである。たとえば、物を個人の所有物と決めてしまわず、集団で共有したり、分かち合ったりする「シェアリング・エコノミー」のような潮流は「物と集団」を中心とする価値観とも言えるだろう。また、集団主義の下でなければ心を重視する価値観は生まれないという考え方も、まったくナンセンスである。そもそも、個人主義というもの自体、自らの心を大事にするものであり、自らの内面を追求して豊かさを求めるような生き方は、すでに洋の東西を問うところではない。個人の精神性を重視した時代は、西洋においても容易に確認できる。

このように、1970年当時の「東洋/西洋」という二元的価値観のステレオタイプのバイアスを取り払って、価値観を考えられるようにアップデートすることが必要だと考えた。しかし、当初からの二元論を構成していた「心」か「物」かという二元的な対抗軸は、時を経ても社会の方向づけをする上で大きな意味を持ち続けている。それは、世界的な価値観調査の結果からも明らかである。そして、「集団」か「個人」かという価値観も、独立した対抗軸として社会の方向性を決める上で重要であることを、歴史を振り返って確認することができた。

そこで、「心」か「物」かという対抗軸と、「集団」か「個人」かという対抗軸の独立した2軸により表される座標平面を、社会発展の針路を表す構造として設定するようにアップデートすることにした。そのイメージは図3―4のとおりである。これによって、円錐形の社会発展構造のイメージも、より明らかにすることができる。

そして、原始社会以来の人類史が、確かにこの2軸による座標平面上をたどってきたと言えるのかを、以下のように見直してみた。

出発点の原始社会は、道具などを一切持たず、特に何かをつくる技術も持たず、危険も多いサバンナに歩み出す上で安全の確保も考えた少人数の移動集団からのスタートであったと想像される。

そして、移動範囲を広げながら遊動生活を続ける中で、次第に狩猟採集の好適地での定住が始まり、簡単な住まいや狩猟の道具などが生まれ、共に暮らす家族や家族の集合体としての氏族（クラン）集団へと、次第に集団のサイズを広げていった。

さらには、そのような定住地域の中から都市が生まれたり、牧畜や農耕が始まって道具や技術の所有、農作物等の食料の所有や保存も増していく。また、農作物や関連物資の商取引も生まれ、都市の大規模化も進む。すなわち、「集団」の形成を拡大しながら「物」中心の世界の方向へと進む。

図 3-4　アップデート版「社会発展と価値観」

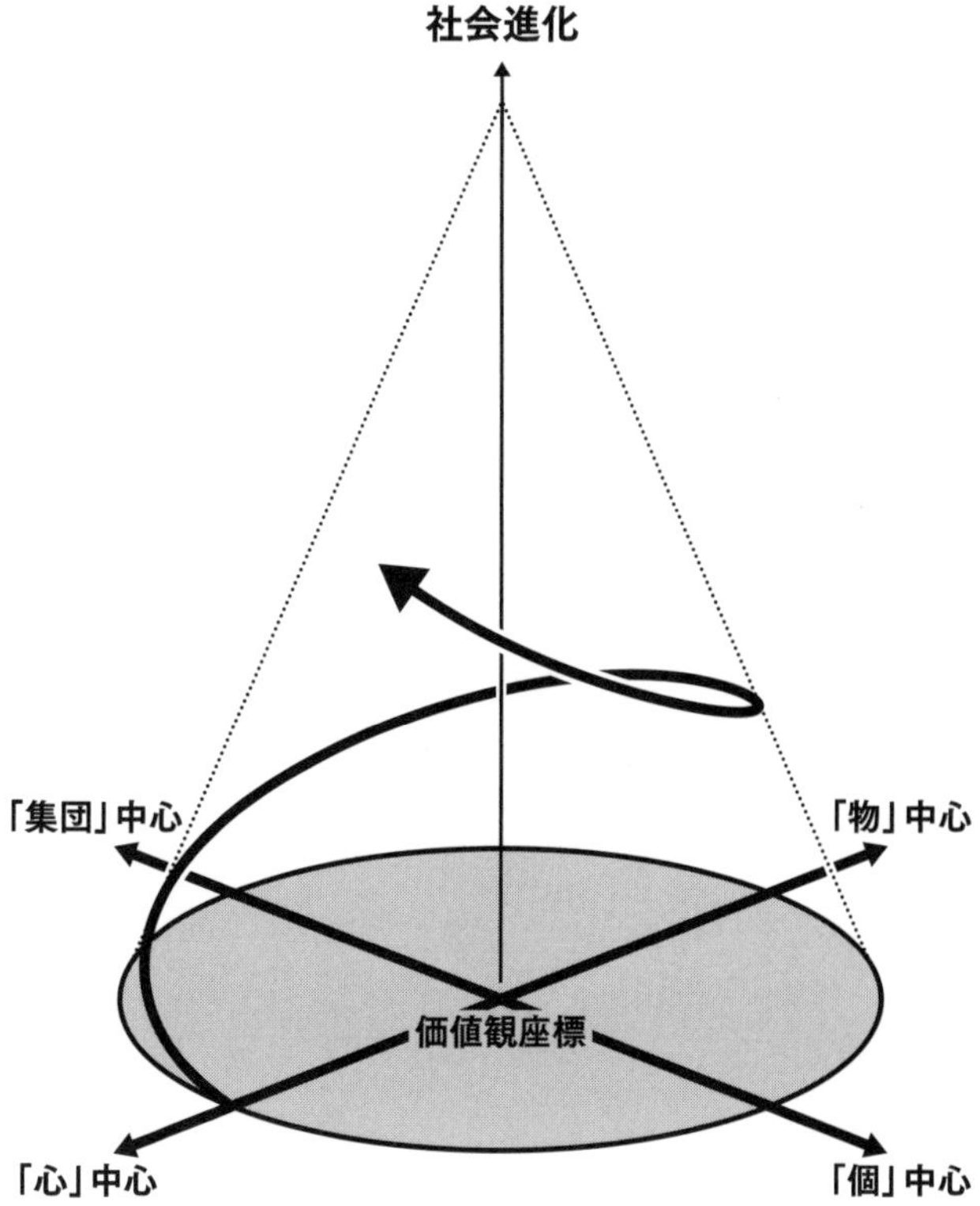

また、古代となると奴隷制度や王の支配による国家制度など、統制の取れた集団規模の大きさが力となる時代が到来し、さらなる集団の拡大のために、戦争による領地の拡大も急速に進み始め、中世の教会支配の拡大等にもつながっていく。そして「集団中心」の価値観がピークを迎える。この頃になると、様々な生活用品が手工業によって生産され、さらに毛織物などの工業生産がイギリスなどで発達し、船舶による交易など商取引も始まる中で、このような「集団中心」への社会進化の方向性は、まさに「物中心」の価値観の社会の方向にも向かって進んでいった。このあたりで、社会進歩の1周期の4分の1まで進んだことになる。

このように、小集団での狩猟採集生活から始まった人類史は、農耕牧畜生活や都市の誕生による集住化の社会、さらに、ギリシャの都市国家、中世の封建国家や宗教を核とした集団の拡大など、「集団」中心の価値観に向かうと共に、一人ひとりの人間の「心」を中心とした価値観からは離れ、強い力による支配の下で、領土の拡大に伴う「物」の所有を中心とした価値観の方向に向かった。

そして、「集団」中心の価値観が大きくなる中で発生した大事件の一つに、アジアに端を発してヨーロッパに広がったと言われる、14世紀の世界的な黒死病（ペスト）の大流行と、それによる大量の死者の発生と人口の大減少があった。前章でも述べたとおり、推計では当時のヨーロッパの人口の3人に1人、5000万人程度の死者が発生したと言われている。

この当時は、疫病に関する科学的知識はなく、強い教会の力による支配の社会であったこともあり、黒死病の原因については、そのほとんどが宗教や迷信、占星術等を前提にしていた。しかし、収束の手がかりも得られず、身分の差に無関係に感染していくことから、民衆の教会離れが進み、それまでに社会を統制してきた教会などの一元的な権力の失墜が進んだ。

この結果として生まれたのが、イタリアのフィレンツェを中心に始まったルネッサンスである。古代ギリシャやローマ時代の古典に立ち返り、何らかの力による支配から解放されて、人間性豊かな文化を復興しようとする芸術運動である。このルネッサンスは、ＳＩＮＩＣ理論の社会発展の1周期のサイクルの中で、大きな転換点となっている。

ルネッサンスを経て、レオナルド・ダ・ヴィンチ、ミケランジェロのような天才アーティストが現れると共に、そのような新しく、人間らしさや人間の力を取り戻した芸術の世界からは、客観的に物事を観るという科学的思考も発展した。17世紀には、いわゆる「科学革命」が、ガリレオ・ガリレイに始まり、ニュートンらに引き継がれ、さらには18世紀の産業革命への技術、つまり工業化社会、機械化社会へと発展していく。これまでの支配的な「集団中心」の価値観から、「個の力」の価値を注目する方向へと転換が始まり、本格的な近代産業としての「ものづくり」技術へと進む社会進化のルートである。

18世紀の産業革命で蒸気機関による動力や生産の機械化が始まり（インダストリー1.0）、次の19世紀には電力の使用や大量生産への展開（インダストリー2.0）、さらに1970年代からのコンピュータ制御による生産の自動化（インダストリー3.0）へとたどって、「物中心」の価値観に基づく社会のピークに達した。この進化の中では、人間が集団となって生産に従事するスタイルから、分業化や自動化が進み、「個」としての人間という見方が近代西欧思想の発展の中でも強化されていったことは間違いない。ここで、原始社会に発してからの社会進化は1周期の中の半周分を進み終えたことになる。

そしてコンピュータが社会の様々な場面で活用される情報化社会が到来する。ここで扱うものは「物」から「情報」に移っていき、再び「物中心」の価値観から離れ始める。さらに、コンピュータ技術の発達に伴い、大型コンピュータから、パーソナルコンピュータへと情報処理も分散が進み、個々の手元で必要な、最適な情報処理が可能となる社会が到来した。1990年代からはインターネット技術も世界中に普及し始め、その最適化をさらに進めているのが現状である。

このような、個別最適な情報の受発信が可能となる中では、もはや従来のような社会のヒエラルキーは必要でなくなる。それどころか崩れ始めて、フラット化と個別化が急速に進んだ。「個」中心の価値観が最大化したと言える。しかし、それは大きなメリットをもたらしたのと同時に、「孤立」のような新たな社会問題も引き起こした。このような工業社会を経た先の情報化社会の社会課題を解決し、個と集団の関係も含めた最適化に向かおうとしているのが現在進行中の「最適化社会」だ。ここで、中心となる価値観は、「物」から離れて「心」に向かいつつ、「個」中心のピークを越えて、再び「集団」つまり「つながり」を求め始めていることに、読者のみなさんも気づいていることだろう。

ＳＩＮＩＣ理論の第3の特徴に対するアップデートについて、改めて丁寧に説明を加えてきたが、伝えたいことは、社会発展のプロセスが、単なる「心」と「物」の直線的な二元論の構図による領域の往還でなく、もう一つの「集団」と「個」の軸を直交させてできる座標面の上を円環的に、頂点に向かってたどるプロセスなのだということである。座標平面として表すことにより、単なる価値観領域でなく、価値観の強さも表せるので、その時々の価値観バランスや強弱も表せるし、社会が円錐上を登って発展していく中で、最適なバランスの価値観に収束していくことも表現できる。

ＳＩＮＩＣ理論に基づけば、現在は社会発展の1周期となる円環の、最終の4分の1の弧の上を螺旋状に登っていることになる。つまり、「心中心」に向かうと共に、行き過ぎた「個」の価値観の重視を是正しながら「集団」の価値観側に進み始めているステージにある。

このことは、世の中を見渡せば、その現象や行動を容易に見つけられるはずだ。「個」が「孤」の問題として顕在化し、社会問題化している。イギリスでは、２０１８年に世界初の孤独問題担当大臣を任命して、その解消にいち早く取り組み始めた。そして、イギリスに続き日本でも、ひきこもり問題の解消に向けた同様の取り組みが始まっている。

以上のとおり、今回、１９７０年に発表したＳＩＮＩＣ理論に対して、その理論の三つの中核をなす特徴に対して、半世紀以上を経た現状、この間の価値観の変化をもとに、これからの未来をより確かに予測していくためのアップデートを図３―５のとおり加えた。今後は、このアップデートしたＳＩＮＩＣ理論に基づいて、未来社会シナリオのアップデート、中でも「自律社会」の解像度アップを進めていくことが必要になる。

そして、その活動は、もはやオムロンが単独で進めるのでなく、ＳＩＮＩＣ理論をオープン・ソースとして社会の共有知としてシェアして、未来社会の様々なステークホルダーのみなさんと共に進める「共創」が大切なポイントになるはずだ。

図 3-5　SINIC理論体系のアップデートポイント

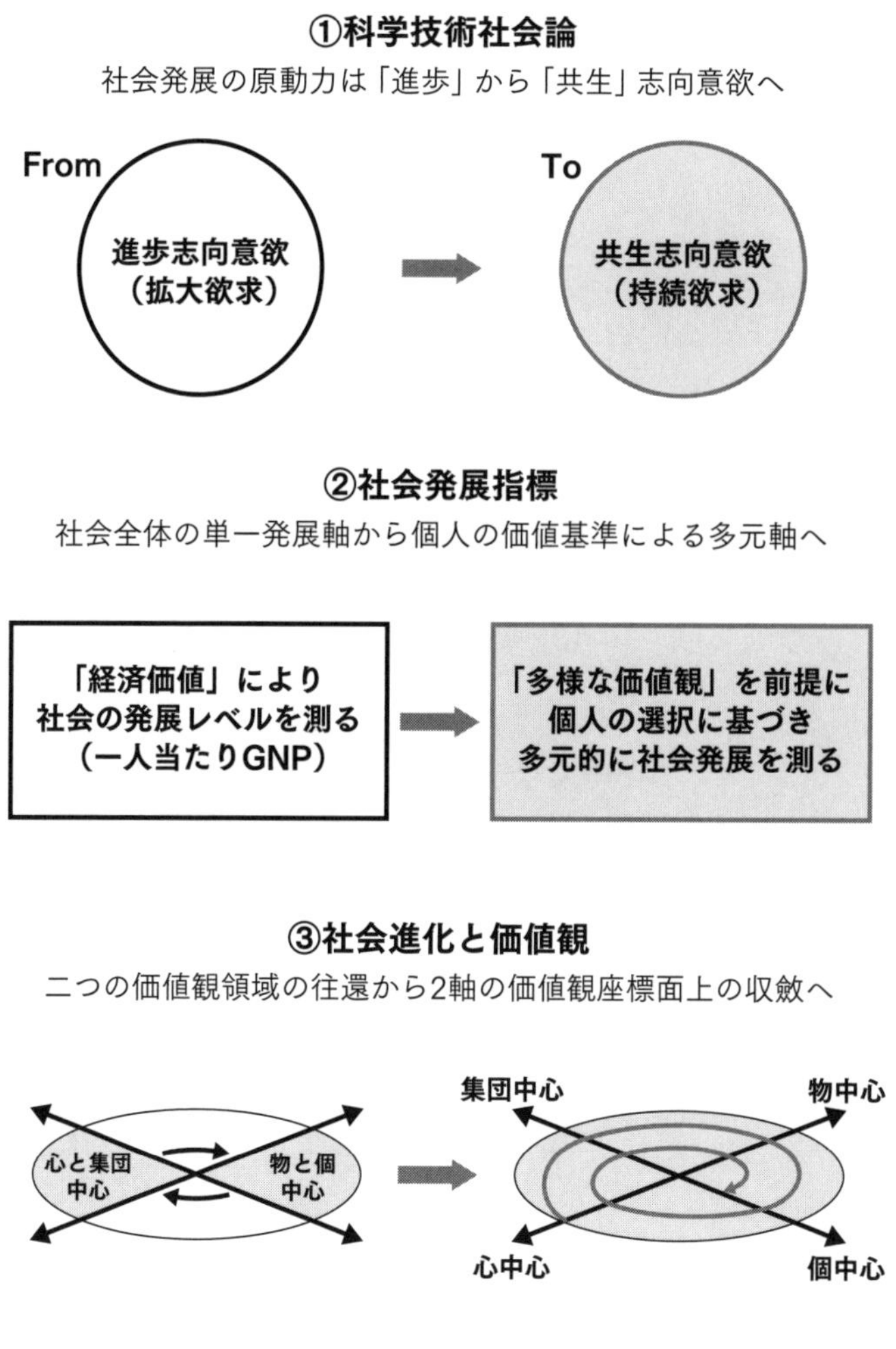

第4章・現在進行形の「最適化社会」のゆくえ

新旧社会OSがぶつかり合う、非連続な大転換時代

第2章で述べたとおり、SINIC理論のシナリオにおける現在「最適化社会」は、かなり人類の社会発展を遂げていく上で重要なステージである。なぜならば、SINIC理論のシナリオの到達点「自律社会」に向かうための最後の「大転換の時代」であり、関門となるからだ。

この現状に対して、未来ビジョンを持たずに向き合おうとすると、VUCA（Volatility：変動性、Uncertainty：不確実性、Complexity：複雑性、Ambiguity：曖昧性）の時代と呼ばざるを得なくなる。現状の延長線上に未来を見通せなくなっているからだ。大転換の最適化社会を進むには、これまでの地図が使えない。これまでの社会OSが使えないのである。

「大転換」というと思い浮かぶのが、経済人類学という学問領域を構築した、経済学者のカール・ポランニーの代表作である。この本では、平和と繁栄が続いていた19世紀から、20世紀に入った途端に世界大戦が勃発し、さらにファシズムが登場したという大転換を指している。その原因として、互酬や再配分などの伝統的経済社会から、グローバル市場経済への経済メカニズムの大転換を指摘した名著だ。

現在進行中の最適化社会の大転換は、そのポランニーの「大転換」に並ぶほど大きな転換期と

して位置づけられると感じている。いわば社会ＯＳの入れ替えの時代である。しかし、産業革命に端を発して、凄まじい勢いで工業社会を前進させてきた市場経済を中心とする経済システムや生活価値観の慣性力は大きい。だから、新しい社会ＯＳのインストールは、従来型のＯＳと様々な社会システム上の衝突を招いたり、変化のカーブを曲がりきれずに暴走したり、多くの軋轢や混乱、渾沌を生んでいる。しかし、それは当然の出来事なのだ。人々は新旧ＯＳの相克のもとで葛藤し続けている。これらは、最適化の渦中の、避けられない痛みなのだ。

しかし、この渾沌とした社会の様々な混乱を超克して、新たな社会ＯＳ、すなわち自律社会のＯＳ上で社会は動き出す。その革新の原動力となるのは、新たな未来技術であり、それを自在に使いこなす新たな未来世代の価値観であるはずだ。

そう考えると、ＶＵＣＡの時代だからと言って嘆き、立ち止まっている場合ではない。ＳＩＮＩＣ理論は、進むべき方向を指し示している。大転換の時代の今だからこそ、ＳＩＮＩＣ理論の価値を存分に活かせる好機なのだ。

また、現在進行中の最適化社会は、大転換であるわけだから、この社会の入口で眺めた景色と、出口で眺める景色では、大きな違いがあるはずだ。そして、その違いは、緩やかに進んでいて、気がついたら新たなＯＳの社会だったというような、連続的なグラデーションで表せる変化ではないだろう。想定外のことが、次々に起こりながら進む、非連続な変化の衝撃を経なくてはならない。だから、旧ＯＳの上で生きてきた人、旧ＯＳに最適化された事業では、「こんなはずではなかった」と嘆くことも多く出てくる。「最適化」という理想世界のような玉虫色の響きにうっとりしている場合ではなく、その環境変化に迅速に乗り移って、新たな環境に適応できるかどうかが問われる「適者生存」の厳しい時代となることは、すでに現在進行中の変化からもわかるとおりだ。

では、最適化社会における非連続性の特徴は何か。それは、「工業社会」から「自律社会」への非連続性である。対象とするシステムの境界を明らかに区切って、その中で一元的な制御の精度を高め、最大効率や利便性を実現してきた工業社会のシステム原理に対して、境界があいまいで、対象がそれぞれ散らばって、それぞれの価値基準のもとに、自律的に最適な状態を求めた結果が全体最適にもつながるというシステム原理への変化である。これが、まさに大転換の先に予測される、新しい社会ＯＳの特徴だ。

・すべてがネットワークにつながる「情報最適化」の時代

スマホの登場によって、世界中の個人が、世界中の情報に直接アクセスできる社会となったことが、情報化社会から最適化社会への転換点だと位置づけたが、インターネットに接続される人間の数は、その後もスマホやパソコンの普及によって増えていった。日本では、最適化社会の入口の2005年には、すでにインターネット普及率が7割を超えた。2001年の普及率が46・3%であったことからも、数年間での劇的な増加の様子がわかる。そして、そのようなインターネット革命の中で、人だけでなく、すべてのモノがインターネットに接続されるというIoT (Internet of Things) という考え方も生まれた。

IoTの潮流は、ものづくりの世界にも大きな影響を及ぼし、生産の最適化が進められた。インダストリー4.0は、まさにその一つの姿である。IoTによって、モノがインターネットに接続されて情報交換が可能になったのに加えて、インダストリー4.0では、さらにモノの加工や業務プロセスなどの情報のグループ同士もつながって情報交換し、非常に複雑で広範に及ぶものづくりのプロセス全体を結びつけ、生産体制の全体最適を図り、なおかつ自律的・自動的に稼働し続けるという生産システムの考え方だ。

これは、従来の工業生産の価値観であった、一元的な大量生産による最大効率の実現ではなく、大量生産の仕組みも活用しながら、オーダーメードに近い生産も可能にする「マス・カスタマイゼーション」という、新たな最適化生産の姿を目標とするものだ。

このような、ものづくりのフロンティアでの変化は、スマート・ファクトリー、サイバー・フィジカル・システム、センサー・ネットワークなど2000年代前半から始まっていた。そして、ドイツ政府の国家ハイテク戦略プロジェクトの一つとして、インダストリー4.0が２０１０年に発表されて、その後は同様の考え方に基づく構想もいろいろと現れ、世界的な現実的で本格的な取り組みとなった。

また、スマホの普及によって、様々なサービスへのアクセスは、スマホアプリに集まっていき、個人の要望を満たす最適なサービスや情報に、世界中どこからでもアクセスでき、容易に自分に合った、求めている情報を選び取れるビジネスモデルへの変化も急速に進んだ。マッチングアプリ、オンラインショッピング、メルカリのフリマ（フリー・マーケット）アプリなども、まさにそのフロンティアの新しいビジネスモデルだ。明らかに、個人が主体者となり、情報の全体に直接つながることによって、これまで気づかなかった、アクセスできなかった、あきらめていた、個々人にとって最適な選択が可能になり、豊かな生き方を手に入れやすくなったのである。

このように、人もモノも、すべての情報がつながって最適な状態を獲得できるようになった社会、それは、もはや「情報化」という自動化手段の一つとしての変化の時代を超えており、文字通り「最適化」が可能になる社会である。ＳＩＮＩＣ理論に対する世の中からの注目の高さは、このネーミングの先見性によるところも大きい。

また、これらの最適化の潮流は、一見、情報化社会の延長線上のようにも見えるが、それは技術的な流れとしての見方であり、社会や産業としては、これまでの常識が常識でなくなるような、破壊的イノベーションが次々に成立している。まさに、非連続な大転換が起こったと言えるのだ。

このように、情報を中心とした最適化で、スマートな社会づくりが進んでいるのが現在進行中の社会だ。だからこそ、さらに、その最適性を限りなく高めていくために、あらゆるモノ、コトの情報化が必要となり、「データ」の価値は際限なく増し続けている。「見える化」などが重視されたのもその一つであり、これまでは定量化が困難だったり、価値がないと思われていた領域、人間の日常生活そのものや脳の働き、感性や志向性、価値観などもデータ化するため、それらを感知するセンシング・デバイスも急速に進化している。そして、それらを解析するために、AI（人工知能）技術も急速な進化を遂げている。それらの結果、膨大な情報の大海の中から、自分に合った情報の選択的な獲得も容易になってきた。SINIC理論の理論どおり、社会が技術にニーズを与え、技術が社会の革新を促進している相互作用の姿である。

●工業社会の忘れものを片づける「社会課題最適化」の時代

しかし、最適化社会を確実に超えて、自律社会の入口に到達するためには、新しい潮流に目を向けるだけでなく、これまで長い間にわたって積み残してきた社会的な課題の解決も重要な要件となる。これも、大転換の最適化社会ならではの大きな特徴である。ここでは、それらの課題を

「工業社会の忘れもの」と表して考えてみる。言わば、負の遺産である。

そして、この忘れものについても、2000年代前半からの世界の動きを振り返ると、様々な社会課題の顕在化と、その解決の必要性に対して気づき始めた世界の様子を見て取ることができ、最適化社会の到来を確かに確認できる。

それらの課題の中で、最も大きな一つが、第3章で「成長」から「持続」への人間の志向性に関する理論アップデートでもふれた地球環境の課題である。このままでは、地球環境の持続可能性が担保できなくなるという危機感を、世界が公の場で共有した端緒は、1992年にブラジルのリオ・デ・ジャネイロで開催された環境と開発に関する国連会議「地球サミット（リオサミット）」であろう。明らかに、この会議がサスティナビリティ（持続可能性）という概念の世界的普及という観点で歴史的転換となった。

地球サミットでは、「共通だが差異ある責任」や、「予防原則」、「汚染者負担の原則」など、持続可能な開発に関する行動原則と、それらの実行を伴うものとするための具体的な行動計画である「アジェンダ21」を採択し、「持続可能な開発」が、人類がこの先の未来にも、安全に繁栄できる道であることを改めて確認する場となった。また、地球サミット期間中には、155カ国の署名による気候変動枠組条約も採択され、同条約に基づき、1995年から毎年開催されている国連気候変動枠組条約締約国会議（COP）は、単なる国連の会議に留まらず、未来への地球環境問題を考える世界の若者達やＮＧＯの活動の舞台へと発展している。また、１５７カ国が署名した生物多様性条約も締結されるなど、それまで一気に駆け上ってきた経済成長によって貯め込んでしまっていた、地球環境や世界の人々の幸せを破壊する負の遺産への対応が始まったのである。

さらに、２０００年には、極度の貧困と飢餓の撲滅など、２０１５年までを達成目標とした8つのミレニアム開発目標（Millennium Development Goals: MDGs）が、国連ミレニアム宣言としてまとめられ、それを受け継いで発展させていく次の15年間となる２０３０年までに、持続可能でよりよい世界を目指す国際目標「持続可能な開発のための２０３０アジェンダ（Sustainable Development Goals：SDGs）」へと負の遺産の解消に向けた国際的な動きは前章で述べたとおり進められている。SDGsが、17のゴール、１６９のターゲットから構成されており、地球上の「誰一人取り残さない（leave no one behind）」ことを誓ったものであるということは、ここ数年間で急速に認知と行動の範囲を広げて、発展途上国のみならず、先進国自身が取り組むユニバーサルな行動として進められている。気候変動に対しても、パリ協定を受けて、世界は２０５０年を目標に、実質的な脱炭素社会、カーボン・ニュートラルな世界を目指して動き始めている。

このような動きは、各国政府の取り組みだけでなく、経済活動の中心となる企業や生活者の消費行動もカバーして進み始めている。

たとえば、毎年スイスで開催されるダボス会議の主催団体である世界経済フォーラム（ＷＥＦ）

は、2021年の会議のテーマを「グレート・リセット」として、第2次世界大戦後、すなわち高度成長を遂げてきた社会システムと、それに基づいた私たちの暮らし、生き方を、新型コロナ収束後の新しい世界システムに向けて、原点に立ち返って見直そうという活動をスタートさせた。世界の経営者たちの会議で、これまでの経済活動の連続的成長ではなく、リセットを宣言したという大転換である。

世界最大の資産運用会社ブラックロックのCEOであるラリー・フィンクが、経営者向けに発信しているレターでは、気候変動リスクの大きさや、ステークホルダー資本主義など、経営への長期的視点の重要性の指摘など、ESG（Environment：環境、Social：社会、Governance：ガバナンス）の観点を重視した、企業の長期的なリスク回避と成長を目指すESG投資への大転換を促して、企業経営に大きな影響を与えた。

その一例を紹介しておこう。DJSI（ダウ・ジョーンズ・サステナビリティ・インデックス）という、投資家向けのインデックスがある。1999年に米国のS&P Dow Jones Indices社とスイスのRobecoSAM社が共同開発したもので、ESGの観点から世界の主要企業の持続可能性（サステナビリティ）を評価し、総合的に優れた企業を選定している。ESGインデックスとして、最も信用されているインデックスの一つである。最新、2021年の結果は、世界の調査対象企業3455社の中から、ワールドインデックス銘柄に選ばれたのは322社、そのうち、日本企業は35社であり、オムロンもその一つとして選ばれた。

この選定基準は、とても厳しいものであるが、それを達成した企業に対して市場から得られる信頼と価値評価は、それを大きく上回るものと言っても過言ではないだろう。このように、ESGの観点を経営に取り入れることは、もはや義務や制約というよりは、競争優位を獲得するチャンスとなっている。

また、消費者は、その製品やサービスがつくられるプロセスの倫理性を重視し、児童労働によってつくられた製品の排除や、地球環境へのインパクトの少ないプロセスでつくられた製品を購入するような、エシカル消費行動が急速に強まっている。その結果、さらに負の遺産を増やす企業活動を減らし、なくしていくことにつながるわけだ。これは、消費という行為を通じた、生活者からの企業に対するESG評価である。

特に、このような視点や、それに基づく行動は、これからの未来を生きる時間の長い、未来生活、未来社会の当事者で中核となる、若い世代であるほど、強く表出してきている。

スクール・ストライキの実行によって、大人たちの動きの鈍さに対する抗議行動で話題となったスウェーデンのグレタ・トゥンベリさんの行動も、その代表的な一例だ。2018年に彼女が一人で始めたフライデーズ・フォー・フューチャーの活動は、すでに世界各地に若者達の活動の輪を広げ、日本国内でも高校生、大学生らが立ち上がっている。

パンデミックの中、2021年にグラスゴーで開催されたCOP26の現地に出かけて世界の若い活動家たちと議論をしてきた後、その興奮も冷めやらぬ中、ラジオ番組「SINIC RADIO」にゲスト出演してくれた、モデルで気候アクティビストの小野りりあんさんは、「これは、自分の生活を守ること、自分の子どもや孫の生活を守ることなのです」と、自分たち、そしてその先の未来世代の生きる場を確保するための、素直で切実なコメントを語ってくれた。そこからは、もはや、大人たちが、経済か環境かというトレード・オフで問題をとらえ、ものわかりよく頭で納得するような態度とは異なる、未来世代の未来切迫感を感じた。

これ以上の負の遺産を増やさず、解消しながら暮らしの質、生き方の質を上げていくための「成熟経済」への大転換が動き始めている。しかし、もう一方では、ますます短期思考、量的拡大を主張する、従来の「成長経済」からも逃れられないままでいる現実もある。政府も企業も、そして生活者も、大転換の時代ならではの大きなジレンマを抱えながら走っているのが現在だ。

しかし、私たち地球人は、もはやこの最適化社会の大転換の渾沌からは逃れられない。これを超克してこそ、人類の豊かな未来への進化が達成されるはずである。少なくとも、SINIC理論では、そのように予測している。

そして、その超克のプロセスは、決してマイナスをゼロに戻すだけのためではない。よりよい暮らしをつくる、よりよい環境をつくるという、今はないゼロからプラスを未来に向けてつくっていくのも、最適化社会の非連続な大変化なのだ。

自律社会に向かう「未来予兆の最適化」の時代

負の遺産、工業社会の忘れもの、社会のマイナスの価値を、まずはゼロ点に戻すことは、この先の社会進化に必須である。なぜならば、SINIC理論はディストピアで終末を迎える未来予測ではないからだ。

さらに、SINIC理論の基本は、常に社会は、その時々の価値観に基づいて、豊かさを増していくと考えるポジティブな未来理論である。これが重要である。つまり、ゼロからプラスの価値観への新しい動きが必要なのだ。そのプラスの方向として、未来航路の羅針盤は「自律社会」という目指す先を指し示している。

そこで、第2章でも記したが、再度、SINIC理論発表当時の「自律社会」のコンセプトを確認してみよう。国際未来学会議で報告した内容を収めた英文レポートを意訳すると、以下のような自律社会の特徴が記されている。

この社会は、人々が集団社会を形成するところから始まった、意識的な管理による社会から、管理のない自然社会へと移行する社会像を示したものである。意識的コントロールが不要となっていく社会である。

この自律社会に生きる人々の要件としては、社会経験を通して、真の変容を遂げている必要が挙げられる。生きる困難がなくなっているのに、豊かで秩序ある社会が成立している自律社会では、人間が弱体化してしまう恐れが大きいからだ。

なぜならば、人類の長い歴史の中で、人は三つの闘争、すなわち、B・ラッセルが示したとおり、①自然との闘争、②社会との闘争、③自己との闘争、これらに直面した際に発現して、その闘争を克服するために発揮した力によって、人類進歩を成し遂げてきたからである。

それを前提とする時、恒久的な豊かさを獲得し、労働時間も減って、レジャー中心の社会の中で、何が人間にとっての動機づけや報酬としての役割を果たしているだろうか。

暫定的には、メタ・サイコネティックスと呼ばれる、高度に進んだ超心理学とその関連分野のおかげで、社会の各メンバーは、社会からの顕在化した管理、または彼ら自身の葛藤によって困難な状況に陥ることなく、自律的に行動できていると感じることができるであろう。このような状態が、成長発達を遂げながら、自らの潜在能力を新しい社会で生きるために活かしている自律社会の人間像と予測される。

また、この自律社会における価値は、何か新しいものを創造することにのみに存在するようになる。そして、社会を構成するメンバーは、自然の寿命を超えて生きることも可能となるだろう。科学・技術面では、超心理現象の解明が、人間の能力を大いに増大させる。そして、原始社会そのものに回帰するわけでなく、高度な社会であっても、自然社会という理想社会が、人類のユートピアとして追及され続けるであろう。そのようなプロセスの中で、人間は自らの精神面に関わる技術革新に直面したことによる混乱をも乗り超えて、個人と個人の直接のコミュニケーションは、テレパシー化されていく。

これは、「人間革命」である。ここまで来て、人類社会は、無知や欲望が支配する、不幸で非人道的な時代を超克し終えて、英知と善意が広く行き渡り、平和と人間の生活が最も重要であるとされる社会へ完全に転換される。これが、自律社会の完成であり、SINIC理論の次の新たな予測周期の始まりとなる。

この記述は、その後、半世紀以上を経た現在から見ても、いまだSF（サイエンス・フィクション）であり、ユートピア論として受けとめられる内容として映るかもしれない。個々人が、好きなように楽しく生きれば、その結果としての社会全体は最適化されて運営されていると言い換えられる内容だからである。

しかし、よく読むと未来の実現性を感じさせるヒントが透し見えるところもある。それらを、以下に挙げてみよう。

①意識的なコントロールがなくなっていく社会
②真の変容を遂げた自律した人間が生きていける社会
③苦労することがなくなって人間が弱体化していく社会
④労働の必要がなくなって暇になっている社会
⑤創造性が価値を持つ社会
⑥環境に埋め込まれた技術が人間の自律を支える社会
⑦不老長寿に近づいていく社会
⑧音や画像だけでなく、心も含めた遠隔コミュニケーションが実現する社会

いかがだろうか。こうしてリストしてみると、すでに技術や社会の中に、その兆しを見つけられるものも少なくない。このような自律社会のコンセプトや特徴点、社会課題をもとに、今の社会の中から自律社会の予兆を見いだし、そのムーブメントを大きく育てていくことは、ゼロからプラスへの価値創造であり、未来予兆の最適化を進める社会の一つの側面である。

・働く場、働き方に見つかる自律社会への予兆

そこで、これらの自律社会の特徴に対応させて、現在の社会の中に見つけられる予兆を探してみた。まずは、この2年間あまり、新型コロナ感染拡大による影響を受けて、大きく変わり始めた働く場、働き方から見てみると、すぐにその兆しは見つかる。

HRIでは、すでに1990年代の半ばから、最適化社会の到来を見通して、テレワークやワーク・シェアリング、サテライトオフィス、自律的なキャリアデザインなど、自律的な働き方の研究テーマを設けて、未来生活研究を進めていた。しかし、当時の社会慣習、技術レベルの制約の下では、どうしても社会実験レベル止まりで、社会実装まで至らずに約30年が経ってしまった。

たとえば、2000年には前身の日本サテライトオフィス協会を発展させて、社団法人日本テレワーク協会という団体も発足していた。この団体の目的は、「ICT（情報通信技術）を活用した、場所や時間にとらわれない柔軟な働き方であるテレワークを、広く社会に普及・啓発することにより個人に活力とゆとりをもたらし、企業・地域が活性化できる調和のとれた日本社会の持続的な発展に寄与する」とホームページに掲載されている。これまでに、新しい時代の働き方について、多くの価値ある研究成果を発信し、社会実験を主導するなど、多大な成果を挙げている。し

かし、世の中全般としては、なかなか本流に食い込むまでには至っていなかった。

ところが、新型コロナ感染拡大という想定外の出来事を契機に、働き方は一気に変わった。従来のとおり、朝早くに自宅を出て、ラッシュアワー時の電車でオフィスに通勤し、決められた時間を働き、対面での会議をこなしたり、顧客先にも直接出向いて商談を進めるという、これまでの常識どおりの画一的な働き方は一変した。

また、日本の就職のスタイルは、数年前から変化は始まりつつあったものの、まだまだ大多数は、新卒一括採用で入社して、同じ会社組織内で、昇進、昇格を目標として働き続けることで生きがいを得るというものだったのに対し、時間や場所の制約、コントロールから解放された途端に、他の時間や場所が見え始め、転職による労働市場の流動化も一気に活性化している。

さらには、一つの仕事だけでなく、自分の関心や専門性のある分野の仕事を兼業したり、農業を営みながら仕事もするような半農半X的な働き方も増えるなど、確実に旧来型のコントロールや、時間、空間の制約から解放された結果として、様々な働き方、そして、どこにいても仕事ができるという観点からは、多拠点居住のような、その時々で最適な場を選んで住まう暮らし方も増え、郊外を通り越して、山村や海辺に住居を移すような人たちも増えた。気の合う人々や互助の関係を結べる人たちと住居を共にするシェアハウスという暮らし方も同様だ。

暮らし方、生き方までもが、強固な古い殻を打ち破って、変化を始めたのである。それらの予兆の波頭に立って、新たな生き方のスタイルを創り出していたのは、未来世代の若い人たちだ。ミレニアル世代（2000年代に成人を迎える世代）、Z世代と呼ばれる、大転換の前の時代をよく知らない若者たちが、しがらみにとらわれず、素直に「よい」と思う生き方を選んだ結果なのである。

●自立と自律の分散化の予兆

SINIC理論発表当時の論文には、直接的に示されているわけではないが、意識的で集中的な、また、強固で大きなコントロールがなくなっていくプロセスでは、コントロールの範囲が分散化されていくことが想定される。このことは、コンピューティングの世界の、集中処理から分散処理への合理的な遷移プロセスとしても説明され、実際に現実化していることでもある。

その分散化の要件として重要なのは、社会システムとしての「自立」と「自律」である。日本においても、地方分権などの分散化を促す掛け声は、だいぶ以前から上がっている。しかし、なかなか本物になりきらないのも、たいてい分散化された先の地方自治が、中央政府のコントロールに依存して、他律から脱け出せないことが大きな原因の一つだと言ってもよいだろう。戦後復興以来、日本の成長を最高効率で牽引してきた、一極集中のヒエラルキー型コントロールシステムが、その規模を拡大すると共に、あまりにも強く社会を制御するシステムを固定化してしまっていたからだ。

しかし、経済特区や構造改革特区といった制度などによって、地方の特性を活かした金融経済、産業、エネルギー、食料、教育など、多くの分野で、自律分散型の取り組みの兆しが生まれ始めている。

お金の例はわかりやすい自律分散化の兆しと言えよう。日本であれば、中央銀行である日本銀行の発行する通貨の信用によって、国内外での価値交換が行われるのが、従来どおりの集中管理型で信頼のおける金融システムである。

一方、地域でのみ通用する価値交換の手段となる「地域通貨」と呼ばれるものが、一気にとはいかないが、次第に普及し始めている。これは、地域コミュニティや地域経済の活性化を目的とした、地域内での信頼に基づいて、範囲を限定して使われる通貨である。利子がつくこともない。地域住民で自律的に循環させて、地域内経済を回す、オルタナティブ通貨である。

カナダのバンクーバー周辺地域のＬＥＴＳなど、欧米から始まって、日本でも１９９０年代後半から動きが出始めた。一気に増加するほどではなかったが、２０００年代に入ってからのＩＣカードの利用などによって増加し、今では７００近い立ち上げ数がある。さらには、ブロックチェーン技術の急速な進展も追い風となって、さらに地域通貨の勢いは増す傾向にある。

その背景には、自律分散化の必要性がある。特に、地方中小都市での人口減少や、経済衰退が深刻化する中で、地域内では経済循環が活性化して、住民の力がつながり合う関係づくりを促進する社会機能が、改めて注目を集めて重視されている。地域社会を守り、育てるお金なのである。利子がつかないので、貯めていても価値が増えるわけではない。自分が地域に貢献した価値を、地域内の他の価値と交換したり、つないだりするために、循環させるお金なのだ。だから、これはサーキュラー・エコノミーにつながっていく予兆である。そして、マネーというよりもメディアに近いものだろう。

このような、地域の自立と自律の兆しが生まれている場では、やはり若いメンバーの活躍が目立つ。各地域での推進役は、地元の若い世代であることが多い。たとえば、全国各地の地域通貨の運営を支援する企業の一つに、面白法人カヤックという企業がある。グループ従業員数が約600名、平均年齢は30代前半、まさにミレニアル世代集団である。この企業の「まちのコイン」というデジタル地域通貨事業は、すでに17地域、登録者数も約3万名の実績を持つが、この事業の狙いは、「お金で買えない幸せがあふれるまちへ」である。ウェル・ビーイング、地方居住、地域通貨、これらをデジタル技術の活用で実現しようとしているわけだ。これは、まさに自立と自律の分散型社会の予兆に他ならない。そして、ここでも兆しづくりの担い手は若い未来世代たちである。

他にも、地産地消の農業や再生エネルギー関連であったり、地域で子ども達を支える教育であったり、大都市の目立った動きではないが、地方の地道な活動として、自律社会への予兆は始まっている。予兆とは、そもそも中心から生まれるものではない。注目すべき兆しは周縁部にあるのだ。

●「所有」から「利用」への予兆

地域通貨は、所有して貯めて増やして蓄えることに価値があるものではなく、利用してこそ価値のあるものだ。このように、所有から利用への価値観の変化は、若い世代を中心に急速に進んでいる。

フリマアプリの国内トップ企業である株式会社メルカリは、このような若い世代の潜在的な価値観を呼び起こして、これまでのように所有と廃棄を消費者に繰り返させ、さらに加速させるようなビジネスモデルに対して、ベンチャー精神を持って、破壊的イノベーションの一撃を加えた素晴らしい企業として真っ先に挙げられる。

いきなり「利用」のみにシフトするのでなく、個人と個人の間で、それぞれの都合や要望に基づいた売買のやりとりを残しつつ、価値を社会の中で循環させる「市場（いちば）」というところに、最適化社会という転換期ならではの意味がある。

メルカリは、まだ創業から10年も経っていないにもかかわらず、劇的に市場を広げて、すでにこのフリマ業界でトップ企業のポジションを獲得している。最近では、国内で毎月2000万人以上もの利用者があるというほどだ。また、アメリカでの事業展開も拡大して、グローバルな事業展開も手がけている。さらに、利用者層では、若い世代のみならず、60代以上の利用の増加も顕著だという。今や、ほぼ誰もが知っている、そして、老若男女を問わず、多くの人々が使っているフリマとなっている。

このメルカリという企業のミッションは、「新たな価値を生みだす世界的なマーケットプレイスを創る」である。「限りある資源を循環させ、より豊かな社会をつくりたい」と、創業者の山田進太郎氏が、自らの世界一周の旅で抱いた志が、同社ホームページに掲載されている。また、「テクノロジーの力によって、世界中の個人と個人をつなぎ、誰もが簡単にモノの売り買いを楽しめる。それにより資源を循環させる豊かな社会、個人がやりたいことを実現できる社会をつくっていきたいと考えています」というメッセージは、SINIC理論の未来観に重ねてみると、まさに自律社会という非連続な未来フロンティアに向かう、新しい価値と市場の創造宣言であると感じ取れる、素晴らしいメッセージだ。

また、同社会長の小泉文明氏がインタビューで語っている内容も、未来への転換の先駆けを感じ取れるものである。記事には「私は、承認欲求が今の消費のトレンドだと思っています。メルカリを使う理由を尋ねるアンケートを取ると、1位は『もったいない』とか『自分の心が満たされる』であり、『金儲け』は決して1位ではないのです。私は、『社会との接点を大切にしたい』とか『自分の商品が他人から認められたことに対する心の潤いを求める』などといった承認欲求が満たされることがメルカリでの滞在時間の長さや評価の高さにつながっている」と述べられている（財務省広報誌「ファイナンス vol.55 No.11」p62-p69より）。

マズローの欲求5段階説によれば、人間の欲求は、生理的欲求、安全欲求、社会的欲求を経て、承認欲求、さらには自己実現欲求へと段階を上げていくとされている。これに照らすと、完全に一致するというわけではないが、これまでの工業社会の成長における人間の「所有欲」は、社会の中で人並みに持つべきものを持って社会に所属している実感を持つ「社会的欲求」の段階に相当する。そして、さらに所有を増やして、他者からの評価を得る、所有の物量を基準とした承認の段階でもあった。

それに対して、メルカリの小泉会長の言う「承認欲求」は、物量やお金の量により羨望をもたらす評価とは違う。個人が、より自立と自律を備えた人間として、より直接的に社会とつながり、商品を提供することでの他者からの共感であったり、他者との価値の分かち合い、循環させるマインドに対する、感謝にも近い承認であるように感じ取れる。これは、すでに「承認」の欲求に留まらず、「自己実現」欲求に向かう途上の欲求進化プロセスであろう。

このような個人、社会の欲求変化の予兆を先駆けてとらえた、同社の未来観は素晴らしいものだ。大転換の時代だからこそ、未来予兆の見極めが、事業経営にも極めて重要になっている。なんでも新品のものを次々に買っては廃棄する「所有」型の消費から、「利用」の循環を創るマインドへの大転換の推進へ、ファースト・ペンギンとして大海に飛び込んだ好例だ。

聞くところによれば、最近の若者たちの半数以上は、「売ることを前提に」新品を買うのだそうだ。新品を買う前にメルカリでチェックして、その商品がいくらで売れるかを確認した上で選んで買う。これが買物のデフォルトとなると、単に流通の革新にとどまらず、ものづくりも、もの売りも、大転換が必要になるのは間違いない。「モノ」から「コト」へのビジネスの大転換、このような動きも、最適化社会ならではの、自律社会に向かう新たな兆しの一つだろう。

また、新型コロナのパンデミックを契機に広がった多拠点居住なども含め、新しいライフスタイルの特徴の一つには、その時々に自分の価値観や感情に最適な場所に移りながら生活する、時空間の制約から逃れた人々の「遊動化」がある。この遊動化にとって、多くを「所有」している生活は、大きな障害となる。これまで、所有することが豊かな暮らしの証であったのに対して、所有が豊かな生活の大きな障害物となってしまう。価値が反転してしまうのだ。

常に、最小限の持ち物だけで、その場その場の暮らしに最適な道具やサービスを「利用」できることこそが、豊かな生活のスタイルになるからだ。このような様々な場面での循環や共有は、サーキュラー・エコノミーや、シェアリング・エコノミーとして注目されているが、自律社会の大きな特徴として、さらに完成度を上げて、拡充されていくだろう。

・人間の弱体化の予兆

また、自律社会の特徴の中にある、新たな社会課題の予測についても取り上げておこう。「人間の弱体化」という懸念すべき課題である。これは、未来の人類にとって、とても深刻な問題となる可能性がある。

自律社会に至ると、人間は苦労や苦悩から解放されると予測されている。それ自体は楽園のような未来の実現として、肯定的に受けとめることもできる。しかし、当初のSINIC理論では、B・ラッセルの主張を引いて、人間は三つの闘争（自然との闘争、社会との闘争、自己との闘争）を通じて、社会を進化させてきたのであり、それらがなくなった社会を生きる人間には、もはや突破力が削ぎ落とされてしまっているという懸念が示されている。これを解決できぬままでは、自律社会に到達できない。

確かに、テクノロジーの発展は、AI（人工知能）やロボティクスの分野などに顕著に見られるとおり、人間の身体的な筋力だけでなく、知的な脳力までをも上回ろうという勢いで進んでいる。そのような中で、人間とはいかなる価値を持った存在になるのだろうか。

そこで、思い出すアニメ映画がある。ピクサーとディズニーによる『ウォーリー（WALL・E）』（2008年公開）という映画だ。舞台は、かなり先の未来の設定となるが2805年の宇宙コロニー。大量消費と大量廃棄社会が行き着く地球は、ゴミだけの世界となり、人類は地球を離れて宇宙コロニーで住み始める。宇宙船内は、言わば快適の極みの状態であり、シートに座ってさえいれば、すべてが最適に解決されていく。歩いて動く必要も、考える必要も、誰かと対面して話をする必要も一切ない。1日中、目の前のモニターディスプレイに向き合っていれば、自分の望む完璧な状態が用意され続ける。しかし、その結果、身体の肥満化が進み、コンソールボードを操作する指先と、目だけは使われて機能が発達しているが、それ以外は退化してしまっている。そのこと自体に、人々は気づいておらず、最高の快適環境、最適環境だと信じて、まったく不満を持たずに生きている。

また、自分の意志というのも削がれてしまっている。コンピュータの最適な選択によって、すべてがオートメーション化された環境に、身も心も委ねきった世界に満足する彼らは、いつの間にか、コンピュータに自分たちが支配されていることに気づけぬままにいる。ある時、地球に残っていた1枚の葉を見て、宇宙船のパイロットは我に返って帰還しようとするが、操縦を担うコンピュータシステムのオートパイロットはそれを拒絶した。しかし、いろいろあった上で、人間は地球に戻り、目の前に立ちはだかっていたモニター画面から目を離し、自然という現実の価値の大きさを感じ取る。まだまだ語り尽くせない、未来風刺の素晴らしい映画であったが、まさに、そこには弱体化する人間が描かれていたのである。映画の設定は2805年であったが、SINIC理論に基づけば、この事態は2030年くらいに前倒しされてしまう可能性すら感じられる。

SINIC理論では、自律社会を生きる人は「真の変容」を遂げている必要があるとされている。この変容こそ、じつは、私たち自身に課された最も大きな非連続な変化だろう。確かに、快適性、利便性は増す一方で、考えあぐねることなく最適な選択もポチッとタッチするだけで、できるようになってきた。自分に合った、自分が求めているような情報がAIによって次々に送られてくる。その結果、知らぬ間にフィルター・バブルと呼ばれるような、閉ざされた情報空間にいることに気づけなくなっている。

人間には、野性、感性、知性が備わって、充実されていてこそ、人間としての能力を発揮できるものだと考える。しかし、高度に最適化されていく未来社会の中で、知性を機械に任せることは、人工知能や自律型ロボットの登場によって、確実に進み始めた。そして、感性までもが情報化されて最適化されようとしている。そういう中で、人間の生きものとしての原点となる「野性」までもが損なわれつつある。これこそが、SINIC理論で指摘されている「人間の弱体化」の最も大きな懸念点であろう。

自然との闘争のない快適人工環境、社会との闘争のないストレス・レスな社会環境、自己との闘争なく委ねられるお任せ環境、人類が積み重ねてきた三つの闘争の解消は、真の豊かさとは違うものかもしれない。これもまた、非連続の豊かさの発展であり、自立と自律、創造と想像の力を育める未来へ、弱体化という恐ろしい気配を感じ取り始めた今、社会も個人も予兆づくりの取り組みを始める必要がありそうだ。

・半世紀前に予測していた最適化社会の問題点

ここまで、自律社会の萌芽として見つけられ始めた予兆について語ってきた。すでに、未来予兆は確実に始まっている。そして、未来への新たな課題も見つかり始めている。これらの未来予兆を育て、未来課題を予防し、自律社会をたぐり寄せることが、今の私たちのなすべきことである。

では、ここで再び、発表当時のＳＩＮＩＣ理論では、最適化社会について、どのような未来予兆の出現を予測していたのか、当時の資料から抜き出してみると、次のような項目があり、とても興味深い。

・世界的な大変化、大転換、アン・コントロール社会の混乱
・情報の選択機能の増大、情報の最適化の急進
・人間の弱体化の懸念、真の変容への葛藤
・男女ともに最も適した仕事が見つかることによる生きがいの獲得
・不良老人対策の必要性
・レジャーニーズの急拡大
・美術工芸、素人の貧乏芸術の復興

これらを一覧すると、まさに今、情報化社会の完成を通した最適化社会の中で現実化し始めていること、自律社会に向かう予兆として察知していることが並べられていることに驚くばかりだ。特に、前半の4項目は、まさにここまでに述べてきたこと、そのものであり現実化している。

●自律難民としての「不良老人」問題

一方、後半の3項目も、とても興味深い、これからさらに大きくなりそうな潜在的な問題指摘

であると思われる。

まずは、「不良老人対策」である。日本は社会課題先進国と言われ、特に高齢化については世界トップである。２０２１年総務省発表のデータによれば、日本の高齢化率は29・１％、65歳以上の人口が30％を超えるのは、もはや時間の問題となっている。ＳＩＮＩＣ理論を発表した１９７０年の高齢化率は、わずかに7.1％である。このＳＩＮＩＣ理論の未来予測の１周期のゴール間近で、これほどまでの高齢化を予測できていたかはわからないが、最適化社会における「超高齢社会」問題をズバリ指摘しているのは、かなりの先見の明である。また、ここで単に高齢化を問題にしているのではなく、「不良老人」と表しているところにもポイントがある。ＳＩＮＩＣ理論発表当時、すでに創業者の立石一真自身も70歳の高齢者であるが、たぶん、最適化社会時代の高齢者が、みんな自身のような高齢者として想定できたのであれば、「不良」とは書かなかったのではないだろうか。

では、いかなる「不良」なのか。それは、出来が悪い不良ではなく、真の変容ができないままにいる、「自律難民」としての不良老人なのだろうと想像する。数年前、ロンドン・ビジネススクールの人材論の権威であるリンダ・グラットン教授らの『ライフ・シフト』(東洋経済新報社)という書籍が話題になった。この本では、人生１００年時代の到来は、これまでのように、人生前半で教育を受け、仕事に従事し、引退するという、単線的な一つの人生ステージを前提とするのでなく、複線的でマルチ・ステージの生き方が必要となるということが主張されている。

そのためには、自律的に自らの人生を通じて、スキル、健康、人間関係といった「見えない資産」を育み、生涯を通じて自らの「変身」を続けていく生き方が重要になる。自分らしい生き方を、自分自身で描き、自ら実現を進めていくという、自立と自律の生き方の勧めであった。

しかし、最適化社会の時代というのは、日本では団塊の世代、世界的にもベビーブーマー世代という大きな世代集団が、当然ながら一気に高齢期に入る時代である。ちょうど、日本では団塊の世代という大集団が、75歳以上の後期高齢者となる時期をとらえて、「2025年問題」と名づけられているが、この時期は、SINIC理論における自律社会の入口に立つ年と一致しているのも暗示的である。

彼らは、まさに戦後高度成長社会の中で、単線的なライフコース上をひた走り、成長至上主義の経済的豊かさを獲得して駆け上ってきた人々であり、走り終えた後の余生が幸せな高齢期であることを信じて疑わずに生きてきた世代である。

このように、昭和世代のほとんどが仕事から離れたものの、その後の自らの暮らし向きについて「こんなはずではなかった」と感じて、不良化してしまうのは、自律社会へと進む上での大きな障害となると想定される。もはや、高齢期が「余生」でなくなっている。高齢者の経験知を活かせることは最大限に価値として活かせるようにし、経験的な習慣が自立や自律の障害になる点については、社会としても支える仕組みを設け、社会のお荷物となる「不良老人」を生まないようにすることも、これから創るべき重要な兆しの一つとなるだろう。

・遊び、学び、創作活動に活かす「暇」の価値

もう一つ、「レジャーニーズの急拡大」という指摘があった。オムロンには、かつては企業哲学と呼んでいた創業者の言葉がある。「機械にできることは機械に任せ、人間はより創造的な分野での活動を楽しむべきである」というものだ。これは、オートメーションの目的についての宣言でもある。それは、人間が「創造的」な分野での活動を「楽しむ」ためである。

一方、前述した「人間の弱体化」にも通じることだが、オートメーションの行き着く先の人間の姿として、生きがいを失い、人間としての力が弱体化してしまうという懸念もある。そうならずに、オートメーション事業の出発点にあった哲学に立ち返ると、「創造」の価値に注目する必要があるわけだ。

確実に、AIやロボティクス技術の発展は、身体的な業務のみならず、大量な情報の分析に基づく開発や戦略策定業務においても、人間の能力を質量両面で上回り始めた。当初は、この成果を「省力化」と呼んで、人間を苦役から解放する価値として評価されてきたが、最近では「雇用

機会の喪失」と言われるようにもなってしまっている。

しかし、ここでこそ先の企業哲学を思い出せばよいはずだ。機械にできることなのに、人間の仕事を残すために機械に任せないという配慮をしようとしている動きは間違っている。任せることができることは任せるべきである。止めても、やがて押し流されるのはわかっていることだからだ。そうすると、人間は暇になる。やることがなくなる。この「暇」という言葉は、概して肯定的には使われない。それは、従来のように「働くこと」に価値があるという価値観ゆえのものだろう。「暇」や「退屈」は、これからの未来に向けても「悪」の価値なのか、そのことを、未来を見通しながら再考する必要がある。

この問題を考える時、東京大学大学院の國分功一郎准教授の著作である『暇と退屈の倫理学』（朝日出版社）という本が、とても参考になる。これは旧来の成長経済社会の倫理観に対しては刺激的なタイトルかもしれない。しかし、自律社会という未来に向けては、大いにポジティブで有効なものである。一部を引用すると、こういう文章がある。

「かつては労働者の労働力が搾取されていると盛んに言われた。いまでは、むしろ労働者の暇が搾取されている。高度情報化社会という言葉が死語となるほどに情報化が進み、インターネットが普及した現在、この暇の搾取は資本主義を牽引する大きな力である。なぜ暇は搾取されるのだろうか？　それは人が退屈することを嫌うからである。人は暇を得たが、暇を何に使えばよいのか分からない。このままでは暇の中で退屈してしまう。だから、与えられた楽しみ、準備・用意された快楽に身を委ね、安心を得る。では、どうすればよいのだろうか？」

これが、この本の問いかけである。

この本では、「暇」と「退屈」の違いについても述べられていた。國分氏によれば、「暇」は客観的な条件に関わっているものであり、「退屈」は主観的な状態だという。ということは、暇すなわち退屈とは限らないのである。中世以来、有閑階級という言葉があったとおり、暇は富める人に与えられたものだった。自らの人生の大半を労働に費やさねば生きていけない人が暇のない人であり、暇のない人とは経済的な余裕のない人だった。「貧乏暇なし」そのものである。しかし、そのような意識に社会全体が向かうと、経済活動が停滞してしまう。それを防ぐために、労働の美徳が説かれて浸透したとも言える。

しかし、ＡＩやロボット、さらにはＤＸ（デジタル・トランスフォーメーション）と呼ばれるデジタル化は、我々が暇になることを確実に可能にした。中世の一握りの余裕ある有閑階級にしか許されなかったことが、今、これからは誰にでも享受できることになりつつある。このような、未来に向けて「働く」ことの価値転換を考えるために、つまり、自律社会に向けて真の変容を遂げる入口のマインド・セットの書として、この本は一読の価値がある。

これと同様の指摘は、２０２２年にＨＲＩが開催したウェビナーでも話題となった。この時のゲストは、イェール大学准教授の成田悠輔氏である。彼とのクロストークでは、ＳＩＮＩＣ理論の未来観と現在進行形の潮流をつなぎ、その先に生まれる「暇」な社会を肯定的に語った。

他の本の紹介で、やや回り道をしてしまったが、ここで述べたかったのは、半世紀以上前の高度成長社会をまっしぐらに駆け上がろうとしていた時代に、その先の未来は、暇を退屈にせず、創造的な活動を楽しめるものになると予測し、そこでの生きがいが、もはや労働ではなく、芸術や工芸など、一真が「貧乏芸術」と表現しているような、専門家ではなく素人が自ら創造的な活動を、遊び、楽しんでいる生き方を描きだしていた示唆の重要性である。必要以上に持っていることを贅沢と呼ぶとすれば、暇とは必要以上の時間があるということであり、これは本来、贅沢なことになるわけだ。この贅沢を、いかに味わえるかが、未来を豊かに生きるための能力として問われている。

もちろん、そのような活動を成立させる社会基盤には、経済価値を創出するテクノロジーによって得られるベーシック・インカムであったり、素人のアートやクラフトの活動を可能にする道具立てとしての３Ｄプリンティングやｎｆｔ（非代替性トークン）、情報環境なども必要となるが、今まさにそれらの予兆は生まれ始めている。暇を創造的な活動で楽しむ時代に近づきつつあるのだ。

これらのことからもわかるとおり、最適化社会の現在の社会や技術に見られる予兆は、ＳＩＮ

IC理論のシナリオで予測されていたことと重ねて一致することが多い。最適化社会という予測の妥当性について、誤解による批判的な意見もあるが、このように現時点との照らし合わせを進めると、やはり、このSINIC理論を羅針盤として、未来航路の方向を見据えることに間違いないという確信が持てるようになる。

・セカンド・ルネッサンスがやってくる

ここまで、最適化社会の予兆を、ポジ・ネガ両面から探索してきた。この結果を俯瞰して、さらに、これまでの人類史を俯瞰してみると、原始社会以来の円環的な社会発展の特徴に気づくことができる。

アップデートした社会発展の考え方に基づくと、原始社会からの人類史は次ページの図4―1のように位置づけられる。そして、心⇕物、集団⇕個の2軸による価値観座標上で、歴史上の大きな変化を加えると、それぞれの価値観の転換点においては、例外なく大きな出来事が起こっていたことがわかる。

原始社会からスタートして、狩猟採集生活の中で飢餓や氷河期など天災の危機に遭遇しながらも、農業革命を起こし、さらに都市が生まれ、国家が拡大していって、国王や教会という権力の

図 4-1　人類史上の出来事と価値観遷移

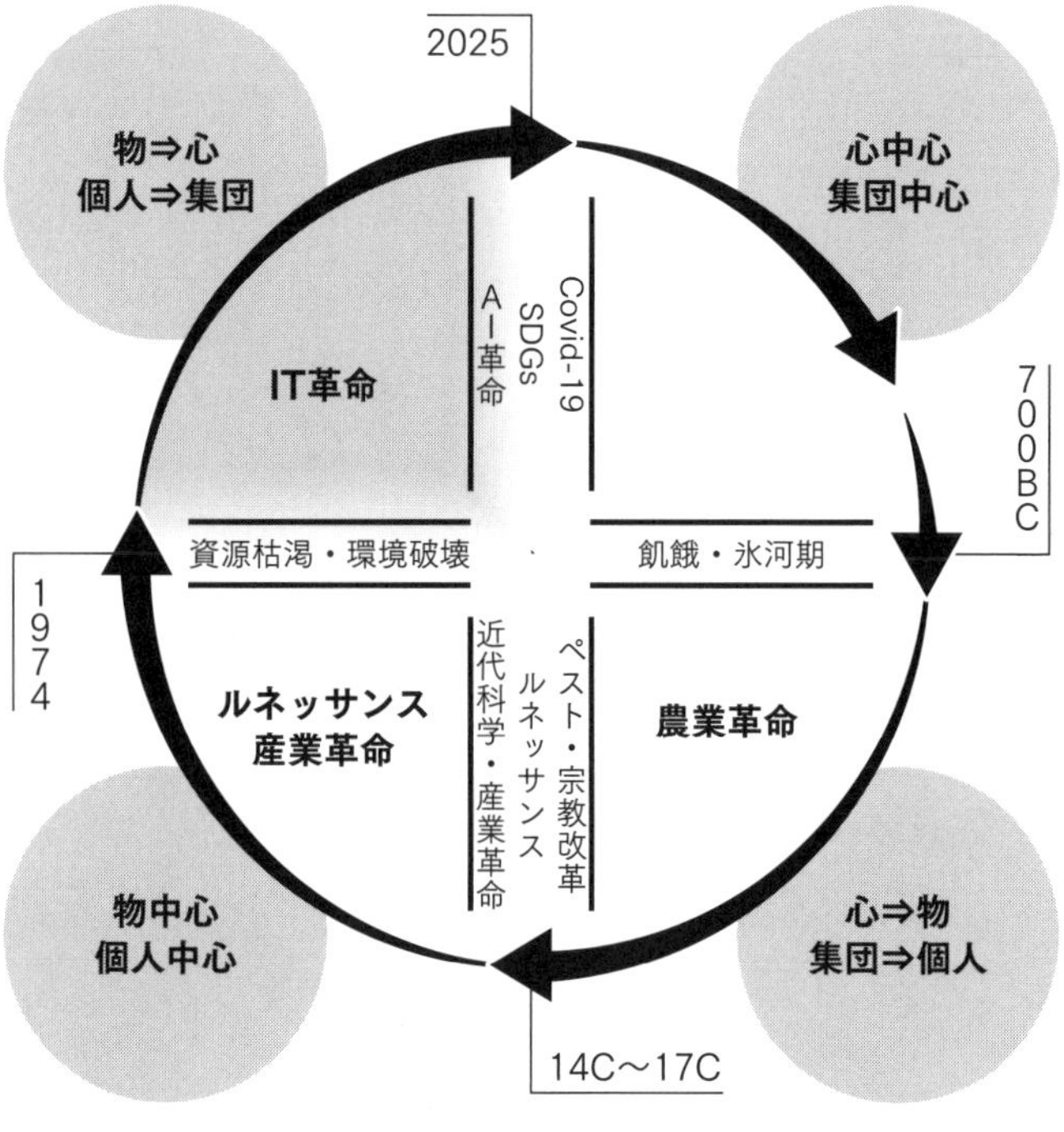

もとの集団中心の価値観が高まった。栄華の中世の時代である。

しかし、黒死病（ペスト）の世界的流行によってパンデミックが発生した。これによって、それまで従うしかなかった権力は失墜する。宗教革命も起こり、疫病や自然災害など、地獄絵の世界を乗り越えようとした時、今度は個人中心の価値観が高まり、個人の力が評価され、ルネッサンスが立ち上がった。そこでの原動力は人間性の復興によるアートであり、人文主義者やアーティストが、古代ギリシャやローマの文化を復興し、新たなテクノロジーを接いで、新しい時代への転換を導いた。そして、アートからサイエンスが生まれ、そこからテクノロジーが生まれて、活版印刷からは情報革命が起こり、物理学からは産業革命が起こっている。「物」の価値中心の近代工業社会の始まりだ。

そして、工業社会による社会発展が最高潮に達していくと、今度はそれによる弊害が顕在化した。公害、環境破壊、資源の枯渇などだ。そこで、物中心の価値観は転換点を迎えて、今度は情報の価値の時代に向かう。ＩＴ革命の時代である。情報化が進むと、その情報を活かした最適化が始まる。さらに大きな変化を控えた時、世界は新型コロナというパンデミックに襲われた。座標面上では、ちょうど中世の黒死病によるパンデミックの対極に位置して、対称的な構図が明らかになる。

新型コロナの世界的感染は、甚大な損失、損害、停滞を世界に与えた。決して手放しに肯定すべきものではない。しかし、それ以前には、なかなか変革が進まなかった社会を、一気に変えていったという点では大きな効果があったのも事実である。

そのように人類史の構図を見て、さらに歴史の循環性を考えれば、私たちの世界は、もうすぐルネッサンスを迎えることになるはずだということに気づく。いや、2回目のルネッサンスだから、セカンド・ルネッサンスと呼んだ方がよいだろう。

1回目のルネッサンスは、中世からルネッサンス、そして近代科学の誕生を経て、産業技術の開発、近代工業社会に至る道筋だった。しかし、セカンド・ルネッサンスは方向が逆になる。高度な工業社会や情報社会の中で、物や情報の洪水に押し流されて漂う人々が、再び人間性重視のために、心のサイエンス、精神生体技術などの科学技術を活かし、心豊かなセカンド・ルネッサンスの時代を迎えると見立てることができる。そこでは、アートの価値も大きくなるだろう。そして、さらには新しい中世とでも呼べる、個とつながりの最適バランスが実現する世界の到来、そういう構図が想起される。

最適化社会の今、世界は渾沌の中にあるように見える。しかし、それは私たちが一度通ってきた道を振り返ると、渾沌の先には破滅ではなく、新しい光が待っていると展望することができるようになる。未来はディストピアではない。地獄ではない。セカンド・ルネッサンスの到来を、たぐり寄せるべき時期が到来したのだ。それは、心豊かな時代になるだろう。新しいアートの時代、新しいサイエンスの時代、ウェル・ビーイングの時代が待っている。

●成長社会から成熟社会へ

ＳＩＮＩＣ理論は、社会発展のプロセスをロジスティック曲線（成熟曲線）で表している。太古の原始社会に始点をとり、未来シナリオのゴールを自律社会の完成とするプロセスを数式でシミュレーションした結果、この成熟曲線の変曲点を１９４５年と定めている。ここまでが成長の時代、それからは成熟の時代ということになる。しかし、変曲点を過ぎても、なかなか成長の呪縛から逃れることは難しく、さらなる成長が様々な分野で目指されてきた。今も、世界の首脳が集まれば「成長戦略」が議論されている。

大量生産、大量消費、大量廃棄という、「大量」がリニア、いや、それ以上に指数関数的な加速度をもって続く経済活動が、今の我々人類の豊かさをつくりあげたことは明らかな事実だ。次から次に機能が上がり、価格が下がり、価値が上がる。消費者の欲望を休むことなく湧き上がらせる経済活動は、競争に勝ってさえいれば未来永劫続けられ、新たな資源を加速度的に使えると信じられてきた。だから、とにかく「競争」に勝つことが重要だった。一旦、スタートしたからには、競争に勝ち残り、走り続けることが、負の側面を考えることを免除される通行手形になり、脇目も振らずに走り続けることが勝者の姿であった。

一方、地球の資源は有限であり、量を増し続けさせる社会発展は立ちゆかなくなるという未来への警鐘は、ＳＩＮＩＣ理論発表直後にあたる半世紀前にも発信されていた。１９７２年に、世界の科学者や経営者らによる国際的な団体、ローマクラブから発表された『成長の限界』(ダイヤモンド社)という報告書がそれだった。報告書では、産業活動による排出物の増大が自然界を破壊し、吸収機能の飽和により再生へのバランスが崩れ、化石燃料から生じる熱は地球の気候変動をもたらすと指摘していた。さらに、「現在の成長率が不変のまま続けば、１００年以内に地球上の成長は限界点に達する」と訴える、無限の成長の不可能性に関する未来への警告宣言だった。

しかし、その後も物の豊かさを通じた満足の拡大のもとで、我々は限界の到来を忘れたか、先送りをして過ごしてきた。そして半世紀を経た今、人類の生存の持続は脅かされ始めている。「世界の肺」と呼ばれてきたアマゾンの熱帯雨林の植物や土壌の二酸化炭素の吸収力は、この半世紀にわたる森林破壊や高温、干ばつによって面積が縮小してしまった。昨年、フランス、イギリス、アメリカの研究者による研究チームが発表した論文では「ブラジルのアマゾン熱帯雨林では、２０１０年から２０１９年までの二酸化炭素吸収量が１３９億トンであったのに対し、その排出量は１６６億トンであった」としている。アマゾンの熱帯雨林は、二酸化炭素の排出源に逆転してしまったということになる。

もはや、物量の拡大を追い続ける成長、大量生産から大量廃棄への直線的活動を繰り返し続けることからの大転換なしに、地球環境の持続が見込めなくなった。それに気づき始めて、脱成長や資本主義の否定などの議論も起こり始めている。しかし今、社会システムに必要なのは、脱成長という否定の考え方でなく、京都大学 人と社会の未来研究院の広井良典教授や青山学院大学の福岡伸一教授が主張されている、定常型経済や、動的平衡などという概念にも通じる、「成熟」という建設的、肯定的、発展的な発想からの取り組みである。成熟という社会の状態を描きだし、承認を得て、それを高め続けられれば「持続可能性」も担保される。

現在進行中、真っ只中にある最適化社会は、表面上はＶＵＣＡの時代だ。しかし、ここまで述べてきたとおり、そのゆくえはディストピアではない。新しい社会に向けては、新しい社会のＯＳが必要となることも述べた。その中核概念を一言で言えば「成熟」である。

『成長の限界』と同時期に、イギリスのノーベル賞を受賞した物理学者で未来学者でもあったデニス・ガボールが『成熟社会』（講談社）という著作を出している。ガボールのいう成熟社会とは、物質万能、量的規模拡大主義を超えて、持続可能で安定的な、精神的な豊かさや質の高い暮らしを最優先させる、平和で自由な社会である。そこでガボールが示した未来社会像とは、必ずしも新奇性の高いものではなかった。成長から成熟への転換を遂げるためのポイントを、２点挙げていた。

①自然との闘争から、人間性を取り戻す闘争へ
②物質的で手段的な価値から、精神的で本質的な価値へ

この2点を可能にする政治、経済、社会、生活、文化の見直しを提唱したものである。倦怠の克服、知能と倫理の調和、利他的人間の形成、自由と責任と連帯、多様性を尊重する寛容な民主的社会、これらの提言は、最適化社会の渦中にある今、再度読み直すべき示唆にあふれている。普遍の哲学を振り返り、さらには、かつては想定できなかったが実現した科学技術を活かし、成熟を目指すことで未来は拓ける。

第5章

自律社会を生きる人、自律社会を支えるテクノロジー

・「自立」と「連携」と「創造」による自律社会

SINIC理論の未来予測は、自律社会の完成をもって、円環的な1周期を経た未来予測のゴールとしている。自然社会というのは、次の周期の始まりであり、SINIC理論に記されている10の社会発展段階の外側の新しい未来なのだ。だから、それはSINIC理論の未来予測における、理想社会としてのビジョンと言ってもよいだろう。そのような観点を踏まえて、本章では目指されるゴール社会、「自律社会」について考察を加えていきたい。

前章では、最適化社会という大転換について述べてきた。そこでは、自律社会を生きる人々は、真の変容を遂げている必要があるということも示した。その変容とは、個人の自律ということである。それが欠けていては、社会の自律が実現し得ないということになる。

HRIでは、SINIC理論を読み込んだ結果、図5―1のように自律社会の構成要件をとらえた。自律社会は、大きく三つの要件からなるもので、その一つは「自立」である。

少し話がそれるが、SINIC理論が引用される時に、「自律社会」を「自立社会」と誤って記されていることがある。「じりつ」を漢字変換すると、一般的なユーザーの画面には「自立」と表示される。ここで「自律」と表示される人は、かなり自律した人間への変容が進みつつある人

図 5-1 「自律社会」の構成要件

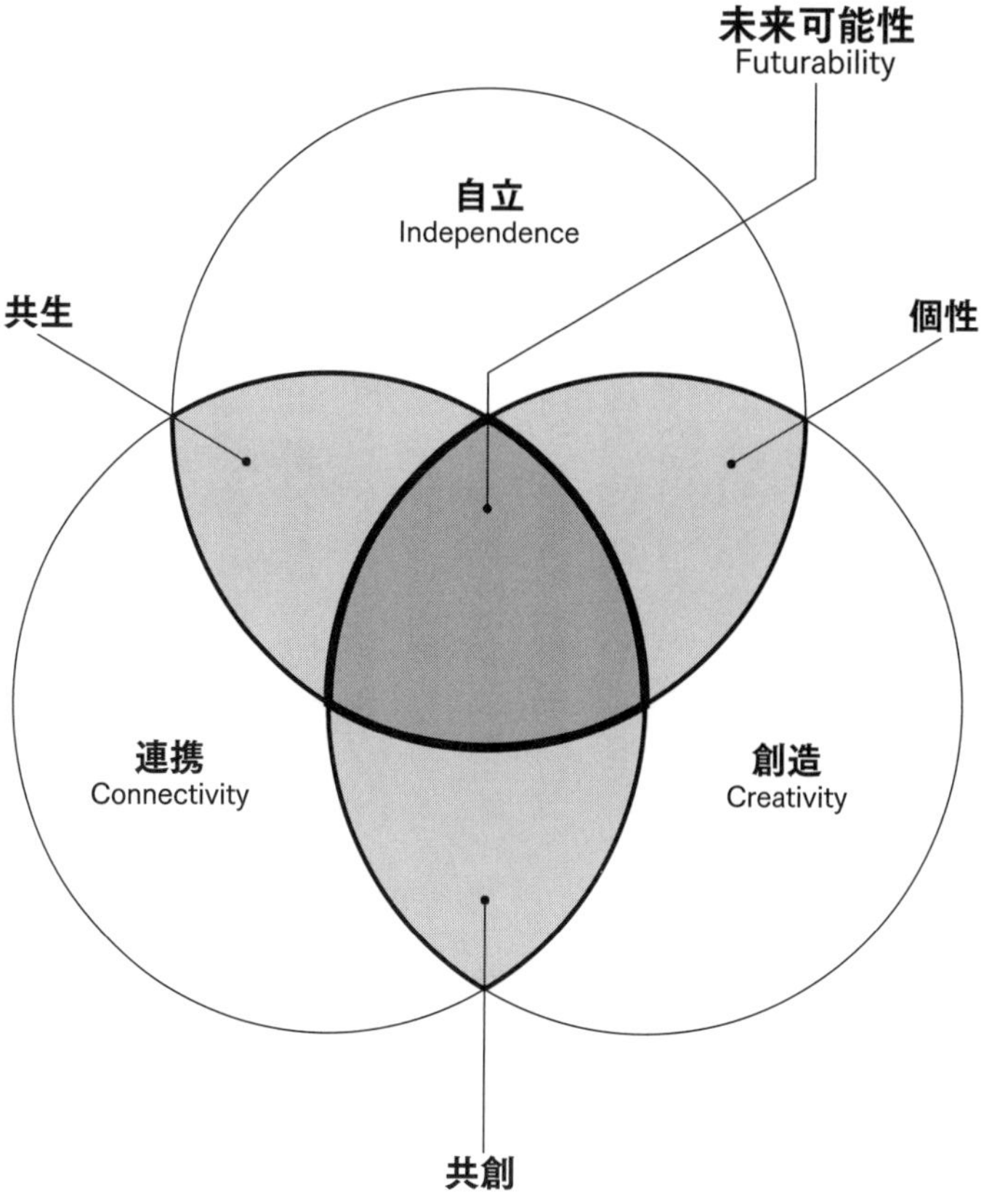

かもしれない。

これも、パソコンの漢字変換機能任せによる、人間の弱体化の一つかもしれないが、私たちは、この誤変換を契機として、「自律」と「自立」の関係は、自律社会を考える上で大切であることに気づくことができた。ありがちな機械の誤変換が、私たちに考えるヒントも与えてくれる。こういう現象は、未来への人と機械の自律的な関係の一例かもしれない。

さて、話題を戻そう。私たちは「自立」が「自律」の要件であると位置づけた。「自立なくして自律なし」である。これは、HRIで創設当初から続けていた、北欧のスウェーデン社会に関する調査研究の成果から得た確信でもある。この調査は、世界の様々な社会システムの中から、自律社会のモデルとなる社会を探すために実施してきたもので、特にスウェーデンの社会には注目して、毎年のように個人、家庭、企業組織、コミュニティ、それぞれでの人々の生き方を現地で定点観察してきた。早稲田大学名誉教授の岡澤憲芙先生や、現地で暮らす三瓶恵子氏から、多くの支援や助言をいただきながら、自律社会に関する大きな示唆を得ることができた。その詳細は、『スウェーデン　自律社会を生きる人々』(早稲田大学出版部)にまとめている。

スウェーデンの人々は、明らかに日本に生まれ育った私よりも自律性が高かった。それは、幼少期から始まり、人生を閉じるところまで一貫していた。現場観察やインタビューは、幼稚園の子ども達から、老人ホームのお年寄りまで、まさに「ゆりかごから墓場まで」、老若男女数多くのスウェーデン人に対して行った。そして、彼らの自律性の高い生き方の基盤として、真っ先に浮かび上がったのが「自立」である。経済的にも、精神的にも、身体的にも、彼らは自分自身で社会の中に立っていた。そして、スウェーデン社会は、誰もが自ら立てるように、数々の社会システムを繰り出して支えていた。自分で立てないと、何か、誰かに依存するしか生きる術がなくなる。だから、一人ひとりの生活・経済・精神的自立のために社会システムが徹底的に支援する。あくまでも、他律的な生き方にさせない。そういった多くの暮らしの現場の出来事から、一つ目の自律社会構成要件を「自立」としている。

次には「連携」である。自立できているのならば、他者とのつながりは不要ではないか、そういう面倒な人間関係を避けるためにも、自立して強い個人とならなくてはいけないという考え方もあるだろう。しかし、それは違った。確かに、情報通信技術が発展する中で、また都市化が進む中で、人は他者との関わりを持たずに、自分だけの快適な繭《まゆ》の中で生きることができる環境は整ってきている。しかし、その弊害として「孤立」、「引きこもり」などの社会問題が深刻化しているのはなぜだろう。やはり、人間は社会的動物であり、直接のつながりを持ち、コミュニケーションを持ち、そこに生まれる様々な葛藤を乗り越えてこそ、人間らしい生き方ができるのである。これは、元京都大学総長でゴリラ研究の第一人者である山極壽一先生へのインタビューからも、たいへん納得できるお話を聞かせていただいた。

そして、自立しているからこそ、自分を確かに持って、他者と関われるのである。そのような関係が成立するところには、一人で閉じているだけではあり得ない「共生」も生まれ、多様性や包摂性、公平性といった、昨今、世界中でキーワードとなっている、DE&I (Diversity, Equity and Inclusion) が実現され、さらに生きる豊かさを互いに増していける社会に向かえる。

そして三つ目が「創造」である。これは、少し唐突な要件に映るかもしれない。しかし、自律社会という新しい価値、新しい生き方に向かっては、これまでとは非連続な未来へとジャンプが必要となるために、また、その社会で生きる歓びを享受するために、誰もが備えるべき重要な要件であると考えた。

すなわち、自律社会においては、人間は従来の延長線上のパラダイムに順応するのでなく、自ら新しい社会に参画し、新しい社会を創造する当事者に変容できてこそ、幸せな生き方が可能になると考えたからである。そのことが、生物たるヒトとしても適応戦略となり、適者生存の道となっていくはずだ。

テクノロジーの発展により、機械に任せること、任せられることは、ますます増えていく。機械の方が、人間よりも力を発揮することも増えていく。しかし、人が生きるという営みは、機械にできることですべてを代替できるわけではない。そうなると、オムロン創業者の立石一真が企業哲学として主張したとおり、「人間は、より創造的な分野での活動を楽しむ」ことで、生きる歓びを獲得できるし、それがしやすい社会環境が成立しているのが自律社会であると考えるべきだ。

以上、自律社会の三つの構成要件、「自立」、「連携」、「創造」について説明した。また、これをベン図で表しているとおり、それぞれの重なりの部分にも意味がある。先に述べたとおり、「自立」と「連携」の重なるところには「共生」が生まれる。

そして、「自立」と「創造」の重なりには「個性」が生まれる。これまでの工業社会では出過ぎた杭は打たれて、単一的な枠組みの中で効率よく動く人間像が目指されていた。モノフォニーの世界である。しかし、それが変わる。個人の想いが表現される創造からは、複線的な生き方が生まれ、ポリフォニーの世界が訪れる。モノからコトへと叫ばれる昨今であるが、もう一つ、「モノ」から「ポリ」へ、これも自律社会への重要な潮流である。

また、「連携」と「創造」の間、ここには「共創」が生まれる。異なる個性が集まり、意外な気づきが生まれ、創発が起こり、共創の成果としてイノベーションが次々に生まれる社会が生まれるはずだ。

最後に三つすべての要件の重なりである。これを、私たちは「未来可能性」であり「コンビビアリティ」とも言い換えられると考えた（次ページの図5―2を参照）。ここでは、あえて「持続可能性」という言葉を用いず、「未来可能性」とした。今のままであり続ける「持続」という静的な可能性ではなく、未だ来ぬ世界を創り出すダイナミックなワクワク感こそ、より大きな社会発展へ

図 5-2　コンビビアリティ社会としての「自律社会」

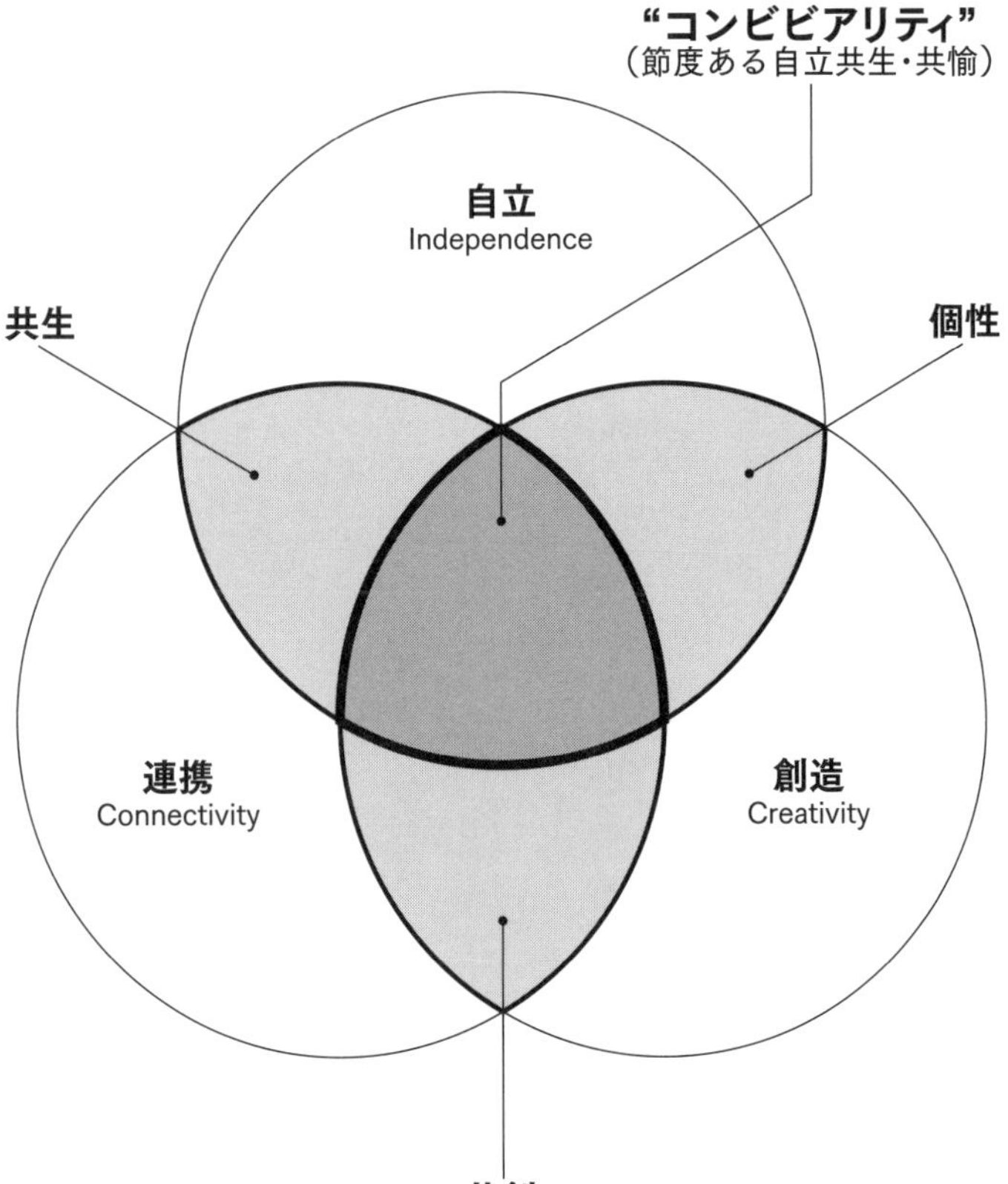

の動機になると考えたからである。この言葉をいただいたのは、動物行動学者で京都大学名誉教授の日高敏隆先生からであった。「中間さん、人間という生き物に必要なのは持続可能性じゃないんだよ。未来可能性なんだよ」と、紫煙をくゆらせながら語りかけられたことは、今も忘れられない思い出である。そして、それはイヴァン・イリイチが説いたコンビビアリティ、「共愉的」とも訳されているが、愉しみ合って創り出す自立共生社会への方向だと確信できた。

・コンビビアリティという自律社会のOS

この「コンビビアル（Convivial）」という、自律社会の基本概念について、少し説明しておこう。この概念は、哲学者で文明批評家でもあるイヴァン・イリイチが、著書『コンヴィヴィアリティのための道具（Tools for Conviviality）』（日本エディタースクール出版部）で表したものである。この著作では、行き過ぎた工業文明によって、人間が自ら生み出した技術や制度といった道具に、結果的に隷従させられている状態、つまり、自らは道具を使っているつもりであっても、実は道具に使われている現状に対して、未来の道具は、人間が人間の本来性を損なうことなく、他者や自然との関係性の中で、その自由を享受し、創造性を最大限発揮しながら共に生きるためのものでなければならないと指摘した。

では、コンビビアルとは何か。ラテン語のconvivereに由来し、conは「共に」、vivereは「生きる」、という意味から、単語としては「共に生きる」ことを意味する。そのため、日本語では「自立共生」とか、「共愉的」などと訳されているが、なかなかこの訳語では意味が伝わらないようにも感じている。スペイン語では日常的な単語だそうであるが、その意味は、「異質で多様なものが、混じり合って愉しく過ごしている状態」を指すようだ。また、単に愉しいということだけでなく、自律と依存のバランスの取れた心地よさや、自分とは異なる人や物との愉しい出会いのようなところにも使うらしい。ここでは、人と人、人と機械（技術）、人と自然の愉しい共生関係として意味づけて考えたい。

人間が、自ら生み出した技術や制度といった道具に隷従させられている状態とは、ＳＩＮＩＣ理論では自律社会に向けた「人間の弱体化」と関連することだ。先にも述べたが、豊かさ獲得のステップは、まずは「利便性」のステージであり、とにかく手間を省くことから始まる。工業社会を生きてきた人間の基本ニーズは「オートメーション（自動化）」であり、ムリ・ムダ・ムラの三悪追放なのだ（図５―３）。

そして次に積み重なるステージは「快適性」だ。いつも、気持ちよい環境で生きていくための、これも手段としてはオートメーションである。さらには、「安心・安全性」が重なる。不安や心配なく、危険や病気の状態に陥らずに生きていくオートメーションになる。

図 5-3　豊かさの獲得ステップ

第1ステージ	**利便性**（手間を省く）
第2ステージ	**快適性**（気持ちの悪さを除去する）
第3ステージ	**安心・安全性**（不安や心配を減らせる）
第4ステージ	**快楽性**（自分が楽しめる）
第5ステージ	**共愉性**（他者と共に、歓び楽しめる）

そして、その先には、自分の楽しさやうれしさといった「快楽性」の獲得ステージがあり、この段階を単なる個人の快楽ではなく、「共愉性（コンビビアリティ）」と考えたのが第5ステージだ。他人も歓び、自らうれしさを感じられるような豊かさの状態である。

今は、ちょうど第3ステージあたりまで到達したが、パンデミックなど想定外の不安が増す中で停滞感も増しており、次のステージとなる快楽性や、コンビビアルというところに進めずにいるのが実状であろう。もちろん、この間にも利便性や快適性を向上させるための製品や技術、仕掛けも次々と現れている。スマホは、自分の脳で記憶する手間をなくしたし、そこに搭載するアプリによって、調べたり、考えたりする手間も吹き飛ばした。

しかし、このような豊かさを獲得し続けてきた人類は、今、確かに弱体化を始めている。知識や情報は自分の内蔵記憶装置である「脳」に貯め込む努力をする必要がなくなり、必要な時に、必要なだけ、スマホで検索すれば済むようになった。しかし、これによって、ゆとりのできたはずの脳の記憶機能や領域は、次々に押し寄せる新たな情報の確認に追われるばかりだ。移動しなくても、その場でオンラインによるコミュニケーションができるようになり、脚力などの身体的な運動量も、周囲への気配りも必要なくなった。また、暮らしの環境は、たとえばエアコンがわかりやすい例だが、囲われた空間にさえいれば、1年を通して我々にとって最適な温湿度環境を持続してくれる。寒さ、暑さ、湿気や乾燥に対する抵抗力は不要となった。

私たちは、このような、豊かさあふれる社会に生きることができるようになった。しかし、一方では人類が弱体化している。SINIC理論の予測でも、第4章で述べたとおり、そこを強く懸念している。

せっかく、コンビビアリティを社会のOSとする「自律社会」という素晴らしい、豊かで愉しい社会を目前としているのに、そこへ到達するために渡らざるを得ない激流の最適化社会を、人間は果たして渡りきることができるのだろうか。

自律社会を生きる人類は、「真の変容」を遂げていることが必要だと、SINIC理論では断言している。この条件は、とても重い。そこで、この変容を遂げるためにも、自律社会を生きる人、自律した個人、組織という観点から、自律社会像を考察し、さらに、その個人や社会の自律を支えるテクノロジーについても述べておく。なお、これらの内容は、HRIで実施した自律社会研究プロジェクトの成果を参考として、再度編集してまとめたものである。

・ティール組織論と自律社会論

「ティール組織」とは、ケン・ウィルバーのインテグラル理論をもとに、フレデリック・ラルーが組織の進化理論として応用したものである。2018年には日本でも『ティール組織』(英治出版)という本が発刊されて、企業組織論の分野では大きな話題となった。その概略は、5色で表す5段階の組織パラダイムの進化である。

まずは、レッド組織から始まる。「オオカミの群れ」をメタファとした、リーダー個人の力を背景とした原始的な衝動型の組織である。そして、次にはアンバー(琥珀色)組織であり、身分、立場の序列に基づく厳格なヒエラルキー型の順応組織である。次のオレンジは、機能に基づいた官僚制組織であり、階層構造のままではあるが、機能の発揮、つまり成果が最優先されるので、環境変化にも柔軟に適応して組織の成果の達成を目指す組織である。つい最近までの日本企業の多くは、このオレンジ組織に相当し、社会全体としてもオレンジ組織であったと言える。さらに、グリーン組織に進化すると、機械的な管理からの脱却を図り、組織成員の幸せを目的とする家族的な組織となる。オレンジとの違いは、構成メンバーの多様性が尊重されて、ボトムアップ型の組織、社会に変化している点にある。わかりやすく言えば、ダイバーシティーの担保された組織や社会である。そして最終5段階目の色がティール（青緑色）となる。この段階には、もはや組織を統率するために権力を集中させたリーダーは不在となる。そのため、構成メンバーが組織や社会のビジョンや目的を高度に理解して、組織や社会の目指す方向に自律的に動く、文字通り自律型組織、自律社会である。それは、生命体をメタファとしたものに近くなるので、自然社会に向かう入口とも言える。

このとおり、ティール組織とは、まさにSINIC理論の自律社会の組織論に重なる。自律社会は、組織論の観点では「ティール社会」と呼ぶこともできるだろう。そして、その手前にある過渡期のグリーン組織、これが現在進行中の最適化社会と重なることは、ここまで述べてきたことで理解できるはずだ。

・利他的な「共感資本社会」と自律社会

自律社会は、マズローの欲求5段階説における「自己実現欲求」レベルの社会に対応する社会であろうと述べた。そして、前節では「ティール組織」の示す個人と組織の関係が、自律社会の個人と社会の関係に重なることを述べた。概念レベルではあるが、自律社会像、自律社会を生きる人、そのために必要な変容のイメージが、少しずつ湧いてきているのではないだろうか。

自己実現（Self-Actualization）とは、「自分の夢をかなえる」、「自分らしく生きる」という意味で用いられることも多い。しかし、本来の意味は、生命体と環境の相互作用によって可能となる、全体と個の調和が実現している状態を指すものだ。生体が周りの環境と調和しつつ、自己の特性を実現している状態を指している。つまり個と全体という二者の関係というよりも、自分を取り巻く環境のすべてが完全な状態でありたいとする「全体性（Wholeness）」に向けられた、ホロニックな欲求という意味なのだ。

それゆえに、自己実現欲求というものは、自ずと利他的な欲求としての特徴がある。自己だけではなく他者の繁栄や幸福を願う「共感」という感情を持つこと、共感の価値が高まることが特徴となる。

理想論のように聞こえるかもしれない自己実現欲求ではあるが、実際の社会は、すでにその一つ手前の承認欲求の段階に入っている。その承認欲求も、工業社会以来の資本主義経済下での、物やお金の所有量による勝者の成功や名声など、他者の羨望による承認ではなく、メルカリの小泉会長の言葉として本書でも紹介したように、個人の意志、感性、行動に対する共感による承認の時代へと、社会の欲求は進化しているのは確かな動向だ。口コミやリファラルネットワークなどに見られる、精神的で無形的承認欲求が顕在化した、「評価経済」の時代がやってきたのである。

しかし、この現状の評価経済社会は、過渡期対応のプロセスかもしれない。ネット上のビジネス世界では、承認をめぐる不自然な経済活動も顕在化してきているからだ。だからこそ、評価経済の課題を克服した、自己実現欲求に基づいた「共感資本社会」を実現するための、内発的動機に基づいた個人の成長、個人の変容が必要とされている（図5―4）。

共感資本に基づく社会では、経済の観念もアップデートされ、それに必要な道具立ても生まれる。前章でも述べてきたような、ベーシック・インカムやDAO（分散型自律組織）、共感価値のコミュニティ内の流通を可能にする地域通貨なども、その例である。

統合化された社会通貨、つまり、これまで客観的価値基準のみで取引された通貨に、主観的価値も統合化されて、多次元的な経済通貨による売買へと移行していくのである。従来のお金に基づく社会経済視点に加え、これからの自律社会では、個人の心理的側面を取り込んだ進化の必要に迫られるだろう。経済を運営する変数の種類が増加し、多元化した指標軸を取り込める経済概念への、お金のアップデートとでも言うべきことが必要となる。

従来の経済の変数、それは、これまでの社会発展レベルの指標のとおり、お金に換算することができるエコノミック・キャピタルであった。そのことは、当初のSINIC理論が、社会発展レベルの指標を一人当たりGNPとしていることにも合致している。そして、具体的には金融資産と有形資産の二つだけに限られていた。しかし、今後は人間の幸福度や心の成長度に換算され

図 5-4　資本主義から共感資本社会への移行

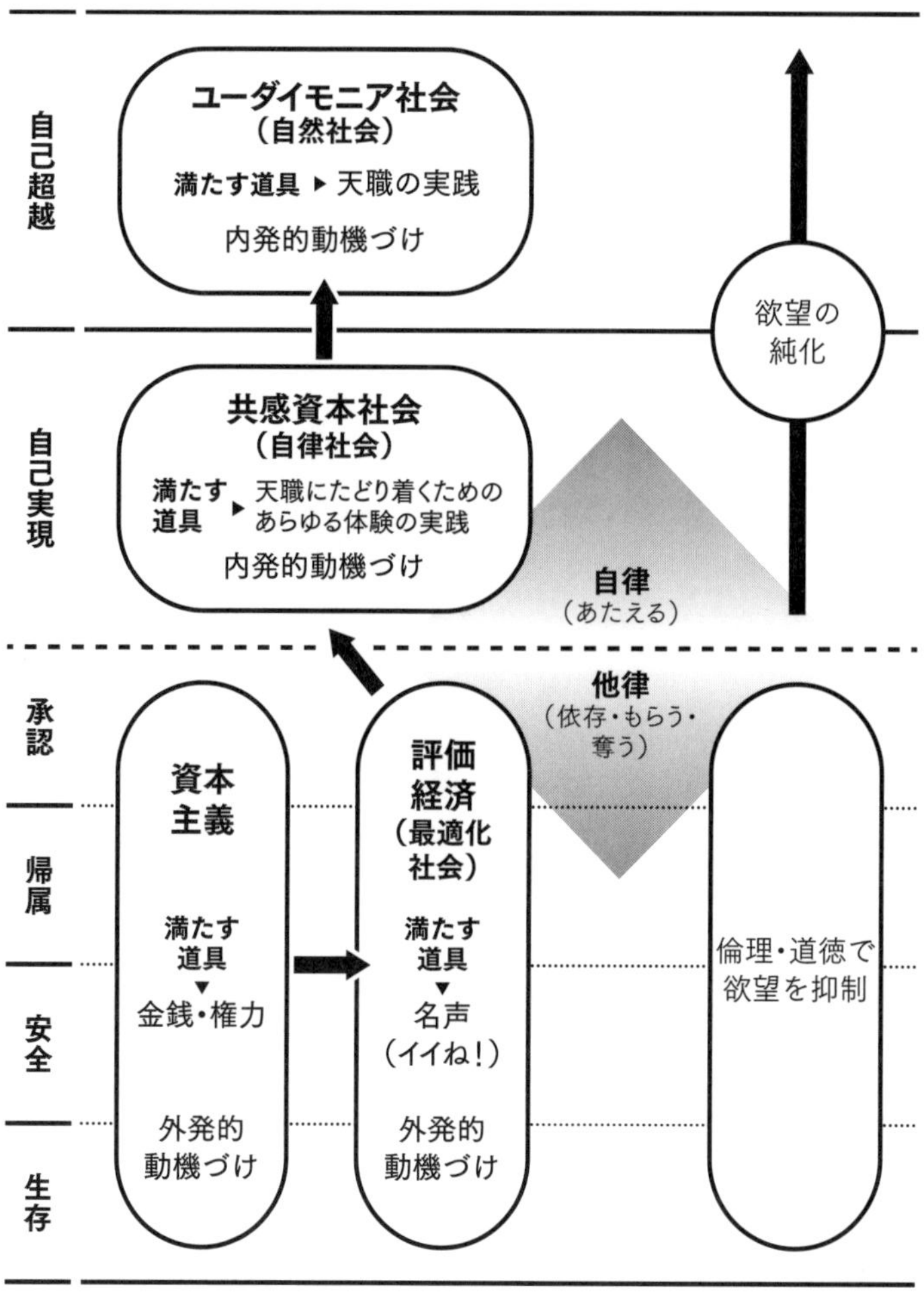

出所：「ユーダイモニア研究所 水野貴之作成資料」

る「ヒューマン・ファンダメンタルズ・キャピタル」や、周囲の人や仲間からの共感の質や量に換算することができる「ソーシャルキャピタル」もそれぞれ変数となり、お金で換算しにくい、非財務かつ個人的、主観的な変数を取り入れていく必要に迫られることになる。第3章で説明したSINIC理論アップデートの一つは、まさにそこに注目した修正だった。

従来の社会視点では、モノやカネだけが経済概念の要素（変数）であったが、これからの社会視点として、幸福や心の成長、仲間の共感も可視化し加えていく、それが自律社会の豊かさ指標である（図5―5）。

共感資本社会としての自律社会の経済概念のアップデートに伴い、ベーシック・インカム等の経済的な生活インフラや、共感価値評価を伴う地域通貨型の取引の導入は、これから加速されていくだろう。ベーシックな経済インフラは、見返りを求めない投資行動として、新たな経済発展のベースをなし、共感価値の評価財としての地域通貨は、主観的な価値基準を組み込んだ交換手段として、なんらかの可視化がされて、社会に実装されていくことになる。

また、ベーシック・インフラの分野では、昨今のクラウド・ファンディングに見られるように、テイカー（Taker）としての投資から、ギバー（Giver）として意識された投資へと移行も強まっていく。それらは、最初は富める者、経済的ゆとりのある者のノブレス・オブリージュとしての行動から始まるものと思われ、実際に最近はよく見られる行動になってきている。

図 5-5　豊かさの多元化に伴う経済概念の変化

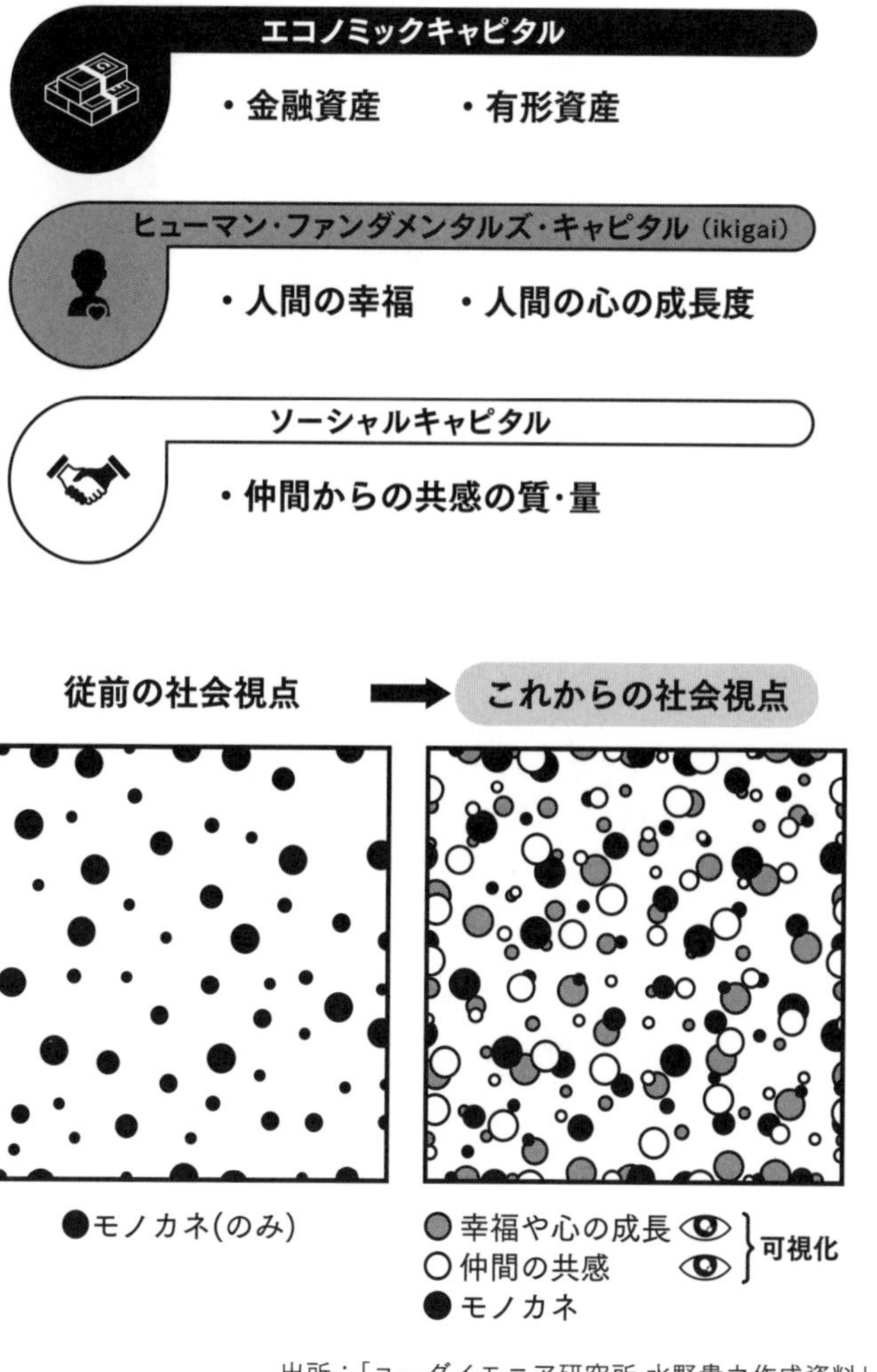

出所：「ユーダイモニア研究所 水野貴之作成資料」

これにより資金のみならず、提供できるモノ・コトがインフラとして社会投下されて、人が生活する上で必要な資材はベーシック・インフラ化して拡充されていくだろう。

共感価値の評価メディアとなる地域通貨は、客観的価値のみで取引されたこれまでの通貨に対して、主観的価値を統合した、多次元的な経済通貨として現実の売買に利用されるように移行していく。このように、自律社会は共感資本社会という概念を重ねて、その経済社会システムの解像度を上げていくことが可能となる。

・自律社会を牽引する担い手は誰か？

自律社会は少しずつその萌芽が見つけられ始めているものの、非連続な未来であるがゆえに、未来への潮流として認識されていないことも多い。そして、これまでの工業社会の慣性力は極めて大きく、容易には収束しそうにない。さらに、私たち人間というものは、基本的に変化を好まない。日本においては、このような大変化に対して「こんなはずではなかった」と叫びだしそうな、昭和の成長社会を生きてきた高齢者層が、ほぼ三人に一人を占める人口構成だ。ＳＩＮＩＣ理論的に言えば「不良老人」という抵抗勢力の量的な力は見過ごせない。

新型コロナのパンデミックや想定外の甚大な自然災害が、結果として社会の変化を後押ししていることは、これまでにも述べた。しかし、犠牲を伴うパンデミックや天災頼みの社会変革だけでは、いくら乗り越えるべき過渡期の現状とは言え、私たちは疲弊しきって、未来をあきらめてしまいかねない。では、誰がこの自律社会という未来をたぐり寄せる適任者たり得るのか。そのフロンティアの主役は、ミレニアム(M)世代と、それに続くZ世代である。これは、決して彼らに責任をなすりつけるものではなく、彼らの幸せにもつながり、社会の幸せにもつながる。

現在の10代後半から、40代前半くらいまでが、自律社会時代の中核世代となる。彼らがものごころついた頃には、すでに経済成長の時代は過ぎ去っており、バブル経済などの勢いも直接的には実感できなかった世代である。また、一方では生まれた頃からインターネットが普及し、画面とのコミュニケーションなど、ITリテラシーに優れたデジタル・ネイティブたちでもある。

物も情報もあふれかえっていて、物を所有すること、新品へのこだわりもさほどない。新品の服よりも古着に価値を置くことがノーマルとなっているほどだ。あふれる情報の中で、スマホの小さな画面から、ネットやSNSで、いつでもどこでも世界と繋がることが当然の、フラットな社会で育ったM、Z世代は、「足りないものを埋めたい」という欠乏欲求よりも、「ありのままで幸せを得たい」という存在欲求に目を向ける傾向が高い。〝to have〟でなく〝to be〟が生きる動機であり目的なのだ。

会社などの組織の中にあっても、彼らはかつての世代のように、報酬や昇格などの外発的動機づけが効きにくい存在である。だから、上司から与えられた目標や評価の意味は薄れてしまうし、金銭的な向上欲求もそれほど強くない。目の前にニンジンをぶら下げても走らない。それよりも自分の意志との共鳴、共振が大事なのだ。彼らは、自らの想い、意志を大事にする。そして、仲間からの共感をとても大事にする。若い頃は誰もがそういうものだと言う年輩層からの声もあるが、それは間違いだ。団塊の世代の若い頃がそうであったような、本音と建て前の使い分けを彼らはしない。学生時代だけのモラトリアムでなく、社会の一員となってからも、肩に力を込め続けるようなことなく、力みなく、素直に本音のままに生きている。それができている社会になり始めている。だから、彼らは自分や親しい仲間を大事にするし、コミュニティを大事にする。そして、しなやかな自由度のある生き方を大事にする。

そのために、最適化社会の現状では、世代間ギャップが組織に歪みを起こしているということにもつながっている。それにうんざりして、若い世代は、若い世代の集まる組織へと向かって集まっていく。自分の想いに合致する場に、自分の居場所を移しながら生きているのだ。

そういう社会の中で興味深いのは、二つの価値観に挟まれた中間世代の生き方である。経営層の昭和世代と、ミレニアル世代、Z世代の繋ぎに位置するロスジェネ世代（1970年代から1980年代前半生まれ）が、じつはティール組織など新しい組織形態への模索に熱心であり、その実装を主導している。中間管理職の心は、上よりも下の世代と共にあるようだ。これは、自律社会に向かうための朗報とも言えよう。そして、課題はやはり高齢者の生き方の変革にたどり着く。ＳＩＮＩＣ理論が予測していた「不良老人」問題の解消は、自律社会の実現に向けて、かなり大きな課題となる。

・未来の傍観者ではないＭ、Ｚ世代

ＨＲＩでは、ＳＩＮＩＣ理論が、どういう属性の人たちに、どういう受けとめ方をされるのかを知ることも目的の一つとして、ＳＩＮＩＣ理論に関する情報の発信や受信に取り組んでみた。この結果は興味深いものだった。

まず、どういう人がＳＩＮＩＣ理論に共感するかという点では、圧倒的に次の三者であることが明らかになった。

・ビジョナリー
・スタートアップ経営者
・ミレニアル、Ｚ世代という若い世代

ビジョナリーや、スタートアップ経営者は、もちろん自らの未来観を持っている。それでは、なぜSINIC理論に、SINIC理論のどこに共感や関心を持つのかを尋ねると、それは、最適化社会や自律社会のイメージといった未来シナリオへの関心というよりも、未来予測理論の本質的な部分である「理論体系」に向けられていた。第2章で説明した理論の部分である。これが、ビジョナリーの彼らにとって、いかなる価値があるのか。それは、自らの未来観（未来ビジョン）が独りよがりなものではなく、理論的にも成立していて、さらに、その理論とそれに基づくシナリオが、半世紀以上もの間、オムロンの企業活動の中で羅針盤として使われてきたという事実、実績、これが、ビジョナリーやスタートアップ経営者の間に、かなり共通する共感ポイントだったのである。未来シナリオではなく、理論への共感と関心だった。

一方、ミレニアル、Z世代の参加者の共感はというと、理論への納得と共に、自律社会、さらには自然社会から始まる次の未来の方向性への期待や共感である。特に自然社会への共感と期待は想定をはるかに超える強いものであった。しかし、彼らは、現状のSINIC理論のシナリオに満足しているわけではなかった。現状のままでは、自分たちがこれからを生きていくためのイメージとして、社会シナリオの解像度が足りないのである。未来シナリオの解像度を上げていくことへの参画を求める声の多さには驚いた。

その背景を少し探ってみると、彼らの気持ちがわかってきた。彼らにとって、当然ながら未来は他人事ではない。未来社会の当事者そのものなのである。それなのに、社会を見渡すと、政治や経済の中心にいる人たちの言動や行動は、およそ未来を他人事として傍観しているようにしか見えないらしい。だから、玉虫色の話ばかりで、社会変革が前に進んでいかない。実行につながらない。その間に、問題は深刻化するばかりで、自律社会や自然社会にたどり着けないというのだ。このような彼らの問題意識が顕在化されたことだけでも、SINIC理論に基づくコミュニケーション活動を進めた甲斐があったというものだ。

このことは、SINIC理論の発信メディアの一つとして1年間続けてきた「SINIC RADIO」というエフエム京都のラジオ番組で、小野りりあんさんをゲストに迎えた時にも明らかにされた。彼女が、自分の肩書きを「気候変動アクティビスト」としているのは、そのような当事者としての活動をしていることを明示したいという意志だった。若い世代にとっては、自らの行動を伴った実践活動ができてこそ未来シナリオが価値になるのであり、そういうシナリオをつくるために、当事者として自分たちもシナリオづくりに参画して考えたいという共感だったのである。まさに、こういう人たち、未来の当事者と共に、自律社会をつくっていく必要があるし、それが自然な社会進化の進み方だろう。彼らは、充分に新しい自律社会を生きる素養を備えている。そして、必然性も適性も備えているのだから。

・自律社会は、周縁から立ち現れる

次に、自律社会の萌芽は、どこから始まるのかを考えてみる。それは、これまでの社会の中心であった大都市からとは限らない。変化は常に周縁から生まれることを歴史は示している。

ＳＩＮＩＣ理論では、自律社会を「共同体における意識的なコントロールに基づく管理社会から、ノーコントロールの自然社会へ移行するための、社会の自律化が進む社会」であると説明している。この変化の潮流は、現在のホラクラシー経営や、前述のティール組織への関心の高まりにも確実に見てとれる。

20世紀初めにテイラーやメイヨーらによって編み出された「科学的管理法」や「官僚制度」、「ピラミッド組織」は、人をいかに効率よく「制御（Control）」するかという目的の下に開発されて、社会発展を加速させてきた。

そしてこの制御のための科学技術理論に大きな影響を与えたのが、数学者ノーバート・ウィーナーが唱えた「サイバネティクス」だった。そして、ウィーナーがこの理論を発表してから十数年後の１９６３年には、早くも丸山孫朗が「セカンド・サイバネティクス」を発表し、制御しない（Uncontrollable）システムについて述べている。丸山は「セカンド・サイバネティクス」に当てはまる例として、都市の発展、生命の進化、病気の流行、文化の醸成、国家間の関係などを挙げていた。

丸山の理論は、のちにノーベル賞を受賞したプリコジンの散逸構造理論など、複雑系理論や創発・自己組織化論をも網羅するものであり、優れた先見性を持っていた。そして20世紀末から21世紀にかけて湧き起こった、複雑系ブームと相まってアン・コントロールという考え方は、システム分野ばかりでなく、社会の各分野でも兆しが生まれ始めた。

そこで、まずは、都市を例として「アン・コントロール」について述べてみよう。大都市は、地方農山村に比べて、より人工的に制御された要素が強い。データを活用して、シームレスな生活圏を描きながら発展している。昨今の監視カメラの設置も、その一例となる。都市空間は、サイバネティクス的で、IoTによりすべてのモノとコトが、情報化されてデータが連結することにより、制御可能となり効率化されていっている。こうした、多変数化した複雑に入り組んだシステムの効率化が可能になることが情報の最適化である。

これは、コントロールが人の手から離れて機械に任せられているという意味で、自律空間の誕生と位置づけることもできる。都市部の自律は、ＡＩやIoTなどの情報技術のさらなる発展により、今後もさらに進むであろう。しかし、注意しなければならないのは、機械による人間、社会の完全制御への方向性でもあるということだ。コントロールとアン・コントロールは、機械や技術の使い方、人間系と機械系のインタラクションの取り方によって紙一重の関係にある。

一方、地方では遠距離の「不便さ」、都会的な設備や商業施設の「無さ」で、人口減少が進み地盤沈下が進んでいる。しかし、それらの障害を乗り越え、それらを価値として、都会とは異なる発展に向かおうとしている事例も生まれ始めている。島根県海士町など、地方だからできることに意味を感じIターンの増加などが生じている町や、宮城県女川町のように非デジタルな住民ネットワークの動きが注目される町、徳島県神山町のサテライトオフィスを中心とした地域活性化など、その事例は増えてきている。これらの事例は、テクノロジーとヒューマニティのバランスのよさが成功の要因となっている。

今やネットワーク・インフラなどの基礎的なリモート環境は、大都市も農山村も、ほぼ差を感じないほどに整っている。さらに、メタバースなどの動向は、仮想空間を通じてではあるが、リアルの都市と地方の差を縮めていく。その中で、「隣は何をする人ぞ」のとおり、顔のわかる人間関係に乏しい人間がアトム化した大都市部では、先ほど指摘したとおり、テクノロジーによる自律システムが、人間系とうまくマッチせず、自律どころか、真逆の殺伐としたデジタル・パノプティコンと呼ばれるような完全監視社会化の傾向が強まっている。

そうなると、互いの顔の見える人間関係の豊かさ、周囲の自然環境の豊かさなど、これまであまり価値を評価されていなかった「ヒューマン・スケール」という部分が、大きな価値に反転してくる。自分の足を運べて、地域の人も、地域の資源も、わかるコミュニティ規模だからこそ可能となる信頼関係が、その環境に埋め込まれたテクノロジーによって、自律をもたらすことになる可能性が、大いに期待できるようになってきた。そうなると、これまでは大都市ほどには至らなかった中小都市の規模であっても、そのような自律分散型の社会価値をつくる政策に向かえる可能性も生まれる。それは、ヨーロッパの旧市街を歩く楽しさや心地よさにも通じる特性だ。

やはり、これからの自律社会は、大都市でダイナミックに、テクノロジー主導で進められる自律社会づくりよりも、中心から遠く離れた周縁部で、これまで周回遅れの欠落や障害と思われていた要素の再評価によって立ち上がってくると考える方が、妥当性の高いものになってくる。そして、周縁の農山村から、中心の大都市に向かって、そのような動きが広がっていく。そこでは、従来の地方社会とは違い、以下のような新しい特徴も持ち合わせたものとして、共感経済圏を成立させるだろう。

・シェアの文化
・コミュニティの複属化
・インフルエンサーの民主化

そして、そういう価値観やマインドを無理なく持てるのは、まだまだ移動の自由度も持っている若い世代が中心となって高まるはずだ。自律社会は、地方と若い世代、空間的にも人間的にも、今の中心ではなく、今の周縁から立ち上がる。そして、次第に大都市や老若男女を巻き込んで、自律社会の大きな潮流になると予測できる。

・自律社会のサイエンス

SINIC理論は、科学と技術と社会の間の円環的な相互作用から導かれる未来予測である。それでは、これまで述べてきたような自律社会像に影響を与えるサイエンスとは何だろうか。工業社会からのパラダイム・シフトという観点から探ってみる。

産業革命以来の「近代工業社会」を支えてきたのは、まさしく科学の進歩であった。この科学とはいわゆる「ニュートン・デカルト体系」を指しており、演繹論主導型の推論方法であり、ものごとを細かく、さらに細かく分けて考えていく還元主義である。それによって「真実」に近づくことができると考えられてきた。

しかし、社会の複雑度が増すにつれて、還元主義の方法論では、学問の細分化が進む一方となり、いわゆるサイロ状態の問題が指摘されるようになった。例えば物質で考えてみよう。物質を分子、原子、さらにクォークと細かく分けることによって、「世の中は何でできているか。真実は何か」の答えに近づくと期待されてきた。しかし20世紀に入って登場した「量子力学」、中でもハイゼンベルクの「不確定性原理」はその幻想を吹き飛ばしてしまった。

細かく分離されていった学問体系は、第2次世界大戦の学際的なプロジェクト（マンハッタン計画、サーボ機構研究等）を契機に再統合化を模索するようになった。1945年に理論生物学者のフォン・ベルタランフィが、一般システム理論を発表して、還元主義の限界を指摘すると、同年に開催されたメイシー会議（「生物学および社会科学におけるフィードバック・メカニズムと循環的因果システム」と題する学際会議）で各分野の学者が一同に会した。この会議はサイバネティクス会議との別名を持つが、この動きの高まりは1956年の一般システム理論協会設立に繋がっている。

このように、世の中を「要素の相互作用」、つまり要素還元ではなく、生命体を模したシステムとしてとらえる動きは、全体論（ホリズム）とも結びついてシステム思考へと発展し、1980年代から始まる複雑系の科学ブームへとつながった。当時のオムロンでも、ファジィ研究は活発に行われた。

「複雑系」は散逸構造理論などの化学や、物理学ばかりでなく、カウフマンの発生生物学や、収益逓増法則などの経済学にも広がった。最近のホラクラシー組織やティール組織なども、複雑系経営学から導かれる一つの組織形態として位置づけられよう。

複雑系では、その全体としての振る舞いを個々の要因や部分から予測できない。つまり個々の挙動からどのような結果となるか予想することは難しい。確かに、工業社会では効果のあった、静的なモデルに基づいたシミュレーションは、次第に意味をなさないことも多くなってきた。「計画性」よりも「偶発性」への対処が大事になっているのだ。経営学でも、ポーターの競争戦略論（SCP理論）やバーニーの資源ベース理論（RBV）のような静的なモデルに代わって、ダイナミック・ケイパビリティのような動的な理論が主流となりつつあるのも、その表れである。

しかし、これら複雑系あるいは動的なモデルの理論は、まだ発展途上であり、実際に社会にどう実装していくかの模索が続いている。今後は、科学分野においても一つの分野に特化した「専門性」だけでなく、それらを横断的にカバーする「横串を刺す」ことができる人材も必要となる。このことは特に後でふれる「技術」との関係においても重要である。

さらに、21世紀に入ってからのサイエンスでは、量子理論が注目領域であることに間違いない。すでに量子コンピュータや社会理論に、大きな影響を与えている。たとえば、リチャード・ファインマンの量子理論、デビッド・ドイチェらの多世界量子論やプリコジンらの創発理論である。これらからわかることは、自律社会のサイエンスの特徴は、これまでの「還元論パラダイム」から、「弁証法パラダイム」への転換という性質を持ったものになるという、思考法の大転換を要するものになるということだ。

また、ＳＩＮＩＣ理論では、自律社会に影響を与えるサイエンスとして「サイコネティクス」を挙げている。心理学とサイバネティクスの融合という意味合いの名称である。インターネットで調べてみると、サイコ・サイバネティクス財団という組織もあり、人間の潜在意識に注目し、潜在意識には達成すべき目標を探して、それに向かって心が制御されるということを理論化したとも記されている。この領域のサイエンスは、脳神経科学の分野で研究されていることが多く、最近ではフリストンの「自由エネルギー原理」などが、今後のテクノロジー化につながる有力な研究分野であると考えている。

・自律社会の制御テクノロジー

これまで、工業社会では、いかに大量の製品を効率的に生産するかが企業間の競争、引いては企業の存続のために最も大事なことであった。産業革命以降生まれた様々な自動制御技術は、大量生産を可能にして、20世紀のアメリカを初めとする世界の先進国の経済躍進を支えてきた。

しかしながら、現代ではこのような「機械的なコントロール」は、同じ製品を計画的に生産し続けるのには適しているが、「変化する社会」にはうまく対応できなくなってきている。

その契機は、じつは第2次世界大戦にあった。それまで、比較的速度が遅く、標的も大きい、戦艦同士の戦闘を想定していた米太平洋艦隊は、真珠湾の戦いで日本軍の航空攻撃になすすべもなく、壊滅的打撃を被った。

その対応策を担ったのが、ノーバート・ウィーナーであり、その成果が「サイバネティクス」であった。生命体のホメオスタシス（恒常性維持機能）にヒントを得たこのシステムでは、各々が生命体の機能のように、自律的に自らを制御する。サイバネティクスは、戦中に開発された高射砲のサーボ機構や、戦後のＳＡＧＥ（半自動防空システム）などの軍事システムに取り入れられたばかりでなく、アシュビーやパーソンズらによって、社会学や社会システム理論にも応用された。

制御技術の革新と普及により、様々なＦＡ（Factory Automation）技術が発展した。これは第３次産業革命と呼ばれ、自動化や情報化そしてインターネットの普及がその背景にある。最近では、人を介さず物同士、機械同士がインターネットにつながるIoT（Internet of Things）やＡＩが普及して、スマート工場、リアルタイムで製品や商品の位置や状態を把握する遠隔制御の実現につながり、産業やサプライチェーンを根本的に変化させる大変革となったので、第４次産業革命、あるいはドイツを中心として立ち上がったインダストリー4.0と名づけられた。

このような自動制御技術が拡大すると、自ずとシステム間の境界があいまいになる。これはシステムの集中管理から、自律分散型の制御が求められることに繋がっていった。これは、システムがシステムを管理する、システム・オブ・システムズ（System of Systems：SoS）という形態となり、個々のシステムがどのような振る舞いをするのか、もはや人間が予測し管理するのは難しいレベルとなることを意味している。

このような背景も踏まえつつ、自律社会という観点から制御技術を見てみよう。SINIC理論の未来ダイアグラムには、「自動制御技術」、「電子制御技術」、「生体制御技術」という三つの制御技術が位置づけられている。それらが進化を続けながら、自律社会を支えていく。さらに、自律社会への変革に新たに加わる技術は「精神生体技術」である。たぶん、SINIC理論構想時に意図していたのではないかと想像するのだが、これまで「制御技術」という名称が続いてきたのに対し、ここで、技術名称から「制御」という文字が消える。確かに、精神制御という考え方は危険をはらむ受けとめ方もされるだろう。アン・コントロールへの架け橋となる技術として、制御技術ではなくなるという考え方をとったとも理解できる。これは、大きな技術哲学的な問いでもある。しかし、まずは自動制御技術からたどって、それぞれの制御技術の自律社会への進化を考えてみる。

自動制御技術

自律社会の自動制御技術としては、自動生成技術の向上や3D技術の発展による製造の自動化が挙げられる。インダストリー4.0の進むドイツでは、完全自動のスマート・ファクトリーが実現し始めているが、今後はそれがさらに世界に広まっていくであろう。

また、IoTに欠かせないセンシング技術、情報処理の高速化、電磁制御技術の発達等により、様々なモビリティも自動化する。ＣＡＳＥと略称されるConnected（コネクテッド）、Autonomous（自動化）、Shared ＆ Services（シェアリング＆サービス）、Electric（電気自動車）が、自動車会社のみならずグーグル、アップルを始めとするＩＴ企業など異業種も巻き込んだ技術競争や、それをバックにした覇権争いとなって繰り広げられている。また「空飛ぶ車プロジェクト」が日本をはじめ各国で実験や検証が進んでいるが、これはドローン技術と融合して交通・輸送の形を大きく変えていくに違いない。また現在でも電気自動車の非常時における家庭電源としての機能（V2H：Vehicle to Home）が注目されているが、ＤＣ（直流）電源による電力制御技術の一般化も進むと考えられる。

このような技術は、スマートハウジング、蓄電技術、電力ロスの省力化などと並んでスマートグリッドの要素技術として欠かせないものとなるだろう。

自律社会は、２０３０年を目標とするSDGsや、地球温暖化への対応が必須の社会である。その意味でも、スマートグリッドはIoT技術やスマート・ファクトリーなどのインダストリー4.0とも融合して、社会の中のエコシステムとして埋め込まれたような技術として普及し、自律社会を支える重要な技術として進化をし続けると考えられる。

電子制御技術

次に電子制御技術の自律社会への進化である。2010年代に大きく発展した電子制御技術として挙げられるのが、クラウドコンピューティング、VR（仮想現実）、AR（拡張現実）、MR（複合現実）への活用や、量子コンピュータ、ブロックチェーンをめぐる技術である。自律社会では、これらの技術が、社会実装されて価値を生み始めるはずだ。

クラウドの普及とネットワークの高速化はIaaS（Infrastructure as a Service）の進歩に伴う基盤システムとして、前述のスマートシティや自動運転技術などのPaaS（Platform as a Service）、SaaS（Software as a Service）など、〝as a Service〟の総体としてのXaaSとなる。

PaaSの事例としては、アマゾンのAWSやマイクロソフトのAzureが代表例となる他、業界を特化したコマツの建設業務における生産プロセス全体をつなぐプラットフォームの「LANDLOG」などもある。またSaaSの事例としては、GEやロールスロイスの航空機エンジン、テスラ自動車のようにシステムを随時アップデートし続けるシステムが挙げられる。これらはIoT技術を基盤にして、まさに自律分散型のプラットフォームとして、さらに多様な分野へと拡散していくと考えられる。

一方、この電子制御技術の分野では、いわゆるGAFAM（Google, Amazon, Facebook, Apple, Microsoft）と呼ばれる企業による独占的な状況が問題視されている。そのような問題意識から、最近急速に話題に上ってきているのがWeb3という、インターネットの第3世代の構想だ。インターネットのそもそものビジョンは、民主的でフラットで権力の影響を受けることのない自律的なネットワークシステムであったはずだ。しかし、ビジネスとしてのバイアスを免れることは難しく、なかなかそのビジョンには到達していない。今回のWeb3は、今度こそそれを実現しようとする取り組みにも感じられて期待される。

ブロックチェーンも同様である。本来は、法定通貨とは異なる、信頼に基づく自律分散型の活用が可能な価値交換のシステムであったが、ビットコインやイーサリアムといった仮想通貨で目立ったように、乱高下の著しい投機の一手段となってしまい、そのままとなっているところがある。これについても、現在話題を集めているＮＦＴ（非代替性トークン）技術が、再び本来の目的である自律分散的な価値交換に使われるよう期待されている。それが実現すれば、自律社会を支える技術基盤はかなり実現されるものと考えられる。

生体制御技術

生体制御技術は、ＳＩＮＩＣ理論において「身体や社会の状態を捉え、生体全体や環境との最適な適応を促し支援する制御技術」と定義されている。身体と制御（フィードバック）の仕組みに最初に注目したのは、第1次世界大戦の軍医であり、生理学者のウォルター・キャノンである。

キャノンが創った言葉である「ホメオスタシス」は「あらゆる種類の外乱や変動に直面しながら身体機能が示す恒常性」を表しており、これはウィーナーのサイバネティクスの基礎にもなった。そして、第2次世界大戦でレジスタンスの指導者も務めた生物学者ジャック・モノーらによるリプレッサー（抑制遺伝子）の発見は、分子生物学の先駆けとして、細胞レベルから分子レベルへの生体制御技術の扉を開いた。

そのような歴史的背景を持つ生体制御技術であるが、自律社会に向けては、やはりヘルスケアや医療の分野で自律化を支える技術となることが期待される。ウェアラブル技術の発展により、生体情報の継続的取得による予防医療、バイオチップや簡易検査キット、生体機能の物理的回復措置の施行運用の実現化、各部生体機能に対する再生医療技術の導入と代替構造物の生成技術の確立など、医療やヘルスケアの各方面に広がり、自律社会を支える技術となることは間違いない。

人体はある意味「社会構造」をはるかに超える複雑な構造を持っている。身体を構成する細胞の数だけで30億以上、分子の数は天文学的であり、それぞれが相互作用しているのが生体である。その超複雑な構造の一部に注目するようなゲノム創薬などの分野では、量子コンピュータとＡＩによる創薬研究開発のオートメーションの必要性も大きい。

たとえば、グーグルでは、従来のスーパー・コンピュータで1万年以上かかるとされていた計算を、同社の量子コンピュータがわずか数分で解いたという発表もあった。無数の組み合わせを瞬時に解くことが可能な量子コンピュータはＡＩを活用した解析技術と合わせ、今後の生体制御に応用されていく。それによって、自律的な健康管理やオーダーメードの医療も実現されるはずである。

精神生体技術

先に述べたとおり、ＳＩＮＩＣ理論の精神生体技術という技術名称には、「制御」という文字がないことに意味があると考えている。生体までは制御の対象としてきたが、その先の精神、人の心はコントロールという言葉を用いるべきではないという意志があったと想定している。

その上で、精神生体技術は「人間の心と身体の自律性のしくみに働きかけ、活かすことで、生きる喜びを向上させる技術」と定義している。これまで述べてきた、電子制御技術や生体制御技術を基盤としつつ、さらに心理学の知見も組み合わせた技術である。制御技術の延長線上としては、認知科学と軟体性ロボットによる精神制御や感情現象の数値的可視化と非構造化データの分析による心身把握などへの活用も見込まれるだろう。また、生活習慣病の予防などの面では、行動変容を促す技術としても、自律を支える技術となる。

また、これまでの自動制御技術以降の技術により、物が効率的、自律的に生産され、さらにはコンピューティングの自律分散化や時空間を超えた環境の拡張の実現、そして疾病予防への様々な対応が進んできた中で、「人間の心」は最後の未踏領域となる。特に最近は、医療的な面だけでなく、「幸福論」「ウェル・ビーイング」の文脈からも注目を集めている。脳神経科学の分野、それからデータサイエンスの分野では、脳機能からの感情コントロールや、データ分析からのアプローチも、ＡＩやIoT、コンピューティングなどのイノベーションにより実現し始めている。しかし、心に関わるコントロールは、悪用の可能性などを含め、とても難しい問題も抱えている。アンビエント化する自律社会の技術のもとでは、その効果的な活用策が生まれるはずだ。

そしてもう一つ、自律社会において、人間はより創造的な活動を楽しめるようになっているという予測の観点からも、自律社会を支える技術を考えておきたい。そこでは、３ＤプリンティングのようなＡ Ｍ技術（Additive Manufacturing）など、個人の創造的な活動を支える技術も求められるようになる。その活動は、ものづくりであったり、アートやクラフトであったりして、従来ならば、そのための様々な設備や道具を必要とし、スキルの向上が必要であった。それを、誰もが一定レベル以上のアート創作活動を楽しめるようにするためには、匠の技を伝える技術なども必要になるだろう。このような技術も、自律社会を支える技術の一領域となると考えている。

以上、ＳＩＮＩＣ理論の未来ダイアグラムに沿って、自律社会を支えるテクノロジーを考えてみた。このとおり、自律社会への革新を促すテクノロジーは、単一の新技術分野というわけでは

図 5-6　新たな社会への革新を促す技術

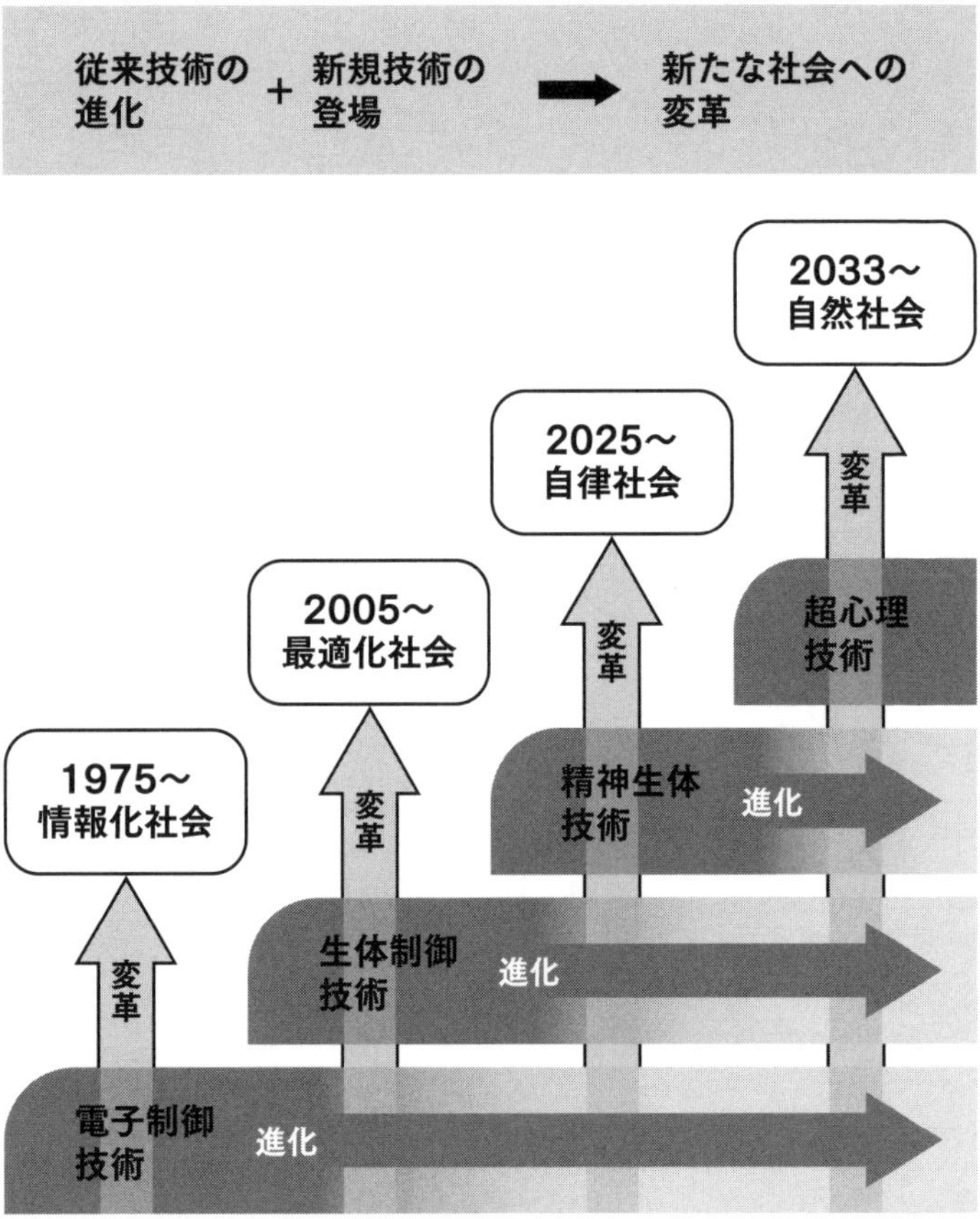

なく、これまでの技術が、それぞれに進化を遂げながら、新たな技術である精神生体技術も加えて進むものである。図5―6のように、進化した技術が積層することで、新しい価値を持ち、新しい社会への革新を促すのである。

ここに例示した技術を一覧してもわかるように、それらは突拍子もない夢の技術というわけではなく、開発の先に実現の姿がイメージできるものが多い。そして、技術開発のパラダイムは、これまでの「機械論パラダイム」から、「人間論パラダイム」、そして「生命論パラダイム」へと進み、コンビビアリティに向かっていくことも明らかになる。自律社会が間近に迫ってきた今、未来を先駆けるため、たぐり寄せるために、よし自律社会の解像度を上げながら、技術開発の中長期的な戦略視点を持って進めることが、重要度を増す一方である。

・自律社会の組織論

すでにティール組織と自律社会の関係性を取り上げた節でも述べたとおりだが、現在、企業の多くが合理主義的世界の中で、インテグラル理論やティール組織論でいうところのオレンジ的パラダイム、すなわち目的達成型の機能的ヒエラルキー構造の組織での効率化の限界を迎えている。なかなか、ティールどころか、グリーンに段階を上げられずにいるのが実状かもしれない。そして、その矛盾や弊害が経営にも表面化してしまっている。

多くの企業は合理主義・効率主義であるオレンジパラダイムと相性の良い資本主義の中で目標数値を達成するために、イノベーションと科学的アプローチを重視してきた。そして、結果として、科学的に分析され、つくられた、整然とした理論上も正しい運用方法が用いられ、効率化されてきた。

しかし近年、オレンジ的効率化による、人を機械とみなす運営方法に対して絶望を感じる組織メンバーが顕在化し始めている。

個人の欲求段階は、マズローのいうところの生存欲求から承認欲求までの、不足を補いたいという「欠乏(to have)欲求」の段階から、人間としてどう生きるかという「存在(to be)欲求」を求める段階へと進みつつある。これは、フレデリック・ラルーの組織論に当てはめると、オレンジ型組織からグリーン型組織やティール型組織への移行に相当するものだ。しかし、組織がそれに追従していないのである。

組織がオレンジ型からグリーン型やティール型、つまり多様性を尊重しながら構成員(従業員)一人ひとりの快適さや幸福を考える形態に変容するには、大きな変化を伴う。これまでの組織は、合理性という「真」を正当として、「善」と「美」を支配していたのに対して、個々人の善に傾倒し、個の秩序による人と人とのつながりを意識したフラット型に変容していく必要に迫られる。

図 5-7　オレンジ型からグリーン型組織への変容

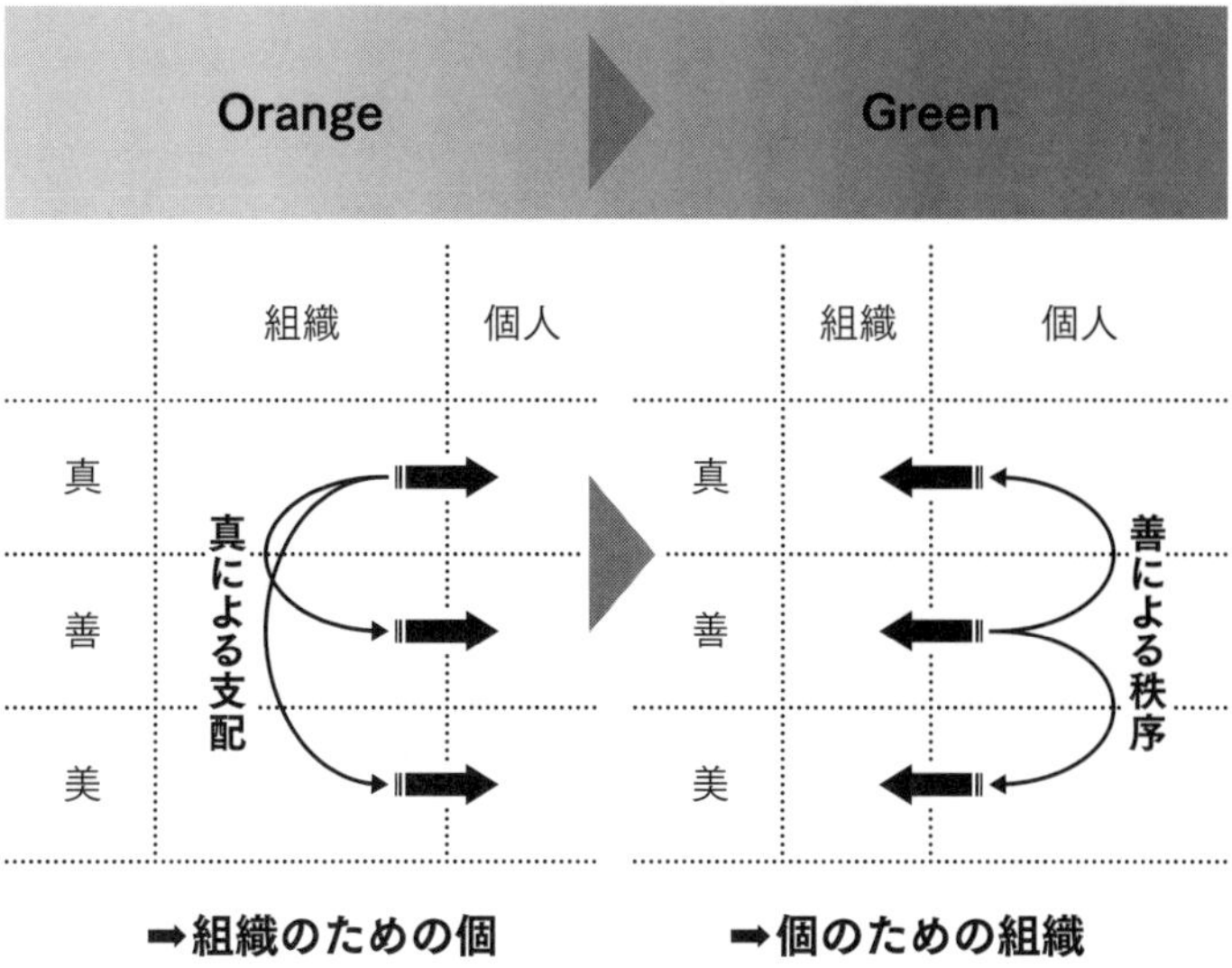

図5-8　オープンコミュニティ化する組織

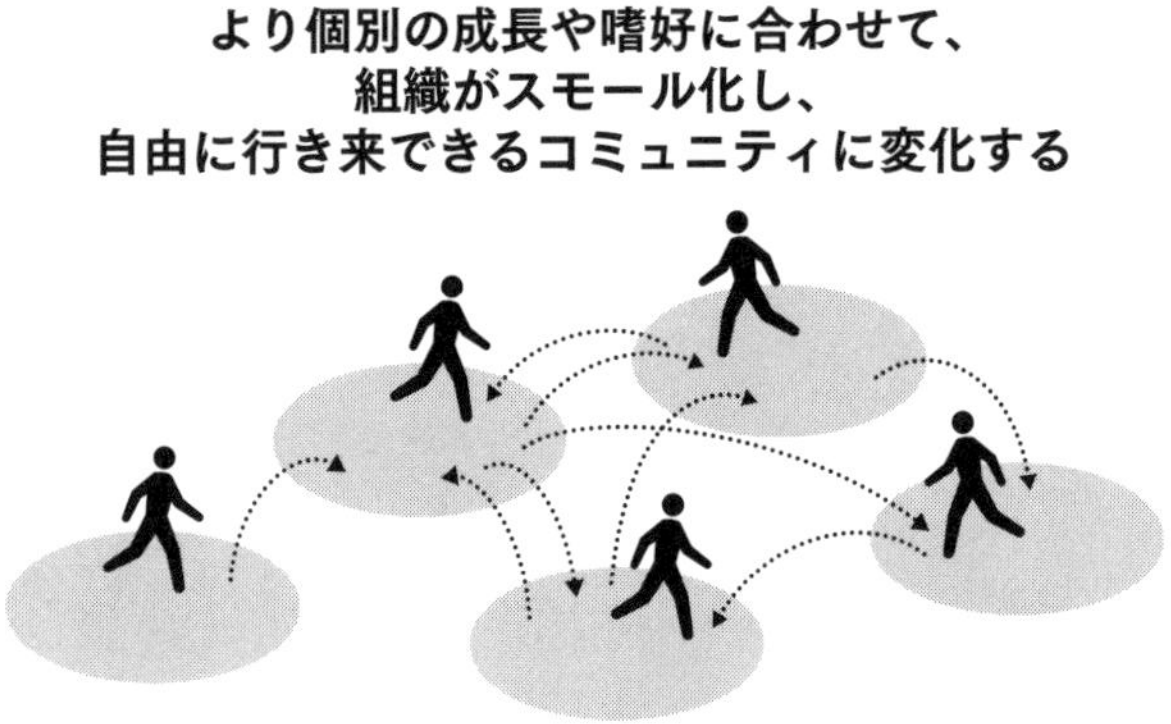
より個別の成長や嗜好に合わせて、
組織がスモール化し、
自由に行き来できるコミュニティに変化する

結果として、組織のために働く個人だった世界観が、個人のための組織に変わるのである（221ページの図5―7を参照）。

そこで、個を組織の中心軸に据えると、各人の成長段階や嗜好性を反映して組織を構築することになるため、一定の個性のパターンごとに集団（組織）が形成されることになる。そして、その組織間は時間軸とともに居心地が変わることから、自由に出入りし、自分に適合した組織に移る活動が当たり前に行われていくようになる。つまり、より個別の成長や嗜好に合わせて、組織がスモール化して、行き来の自由なコミュニティに変化するのである（図5―8）。

「ティール組織」の代表的な形態である、役職や上下関係が存在しない自主管理型組織

「ホラクラシー経営」では、「サークル」と呼ばれるチームが、組織構造としてみなされる（次ページの図5―9を参照）。伝統的な組織においても、プロジェクトや部署、またはセグメントごとにチームを設ける組織がみられるが、自主管理型組織ではチームがモジュール化されているので、組織全体にわたって、どこでもすぐにでも活動を開始できる。そして組織のニーズの変化を社員が認識するたびに、こうしたチームは結成と解散を繰り返す。

チームは単に自らを管理するばかりでなく、自らを設計・統治もする。従ってチームの結成もマネジメントが決定するのではなく、従業員自らが「助言プロセス」（アドバイスプロセス。意見や提案を表明し、助言やアドバイスを社内から広く求めるが、最終的な意思決定は提案者本人に委ねられる）に則ってチームを作成し、またそれに参加することができる。

ホラクラシー経営を導入したザッポス社では、各部署に全部で150あった課が、500の「サークル」へと進化している。

個を中心に据えた場合、帰属意識の求心力は会社名ではなくなる。「誰の」とか、「どんなこと」に、求心力の対象が変化していく。当然、対外的な理解のための企業名を使用する場合もあるが、キャリアパスの意思決定時に重視される傾向は、明らかに以下のように変化していく。

図 5-9　ヒエラルキー組織とホラクシー組織

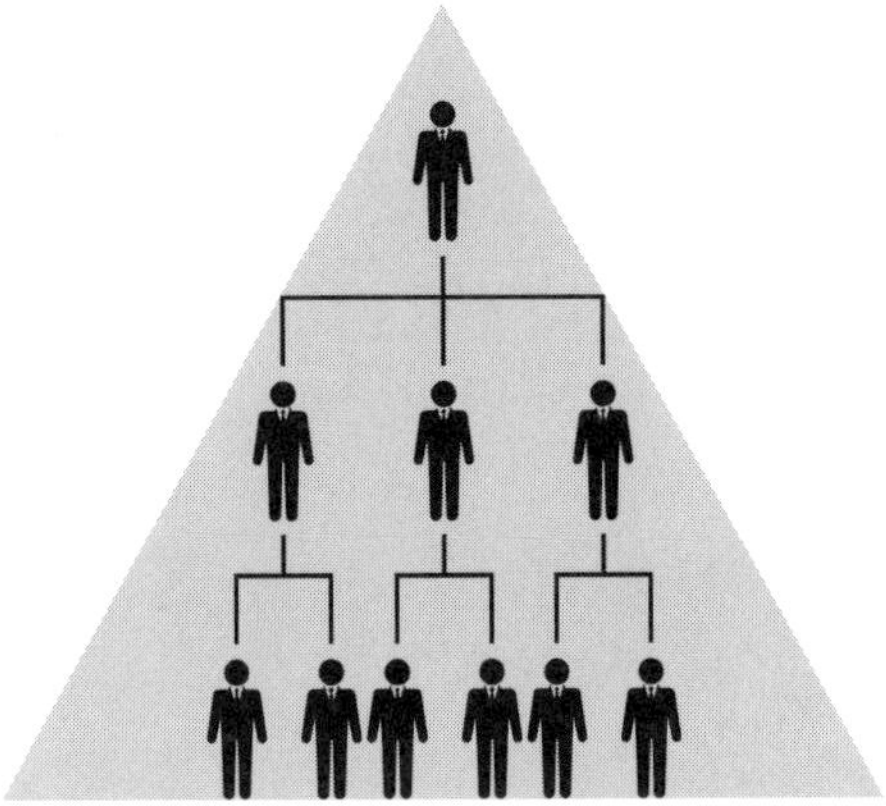

ヒエラルキー組織

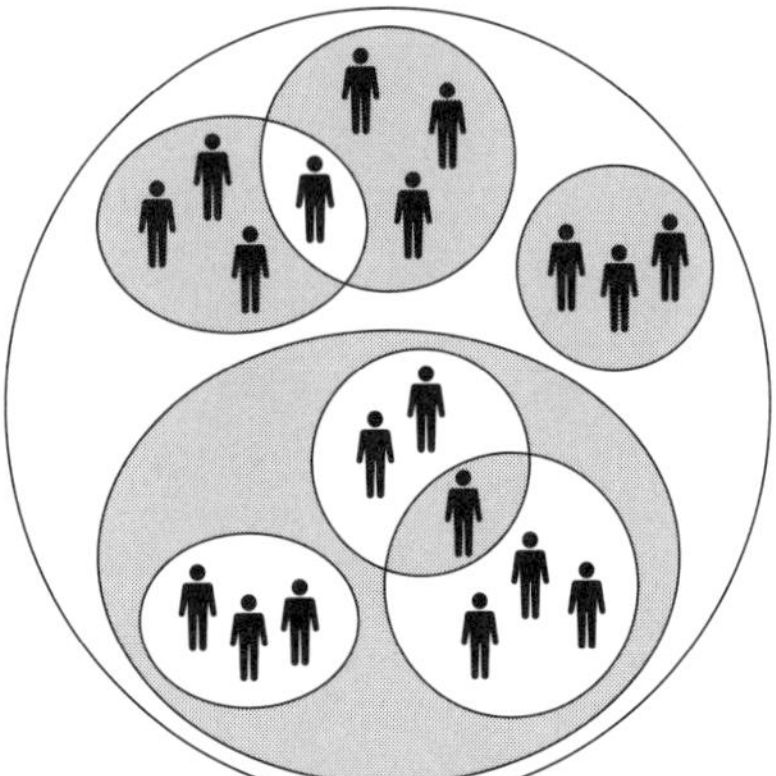

ホラクシー組織

目的や意義に共感できるか？

自身にとってやる意味があるのか否かが、重要な意思決定の要素となる。どこへでも行けるが、それゆえに、自分自身の価値観との整合が大事であり、打ち立てられている旗は本当に共感できるものか、その本気度は確かなのかを常に見極められる。そして、自らの夢や人生の目標と組織の目的や意義と突合し、共感できる組織に属するようになっていく。

ザッポス社では、採用や雇用、評価も、ミッションやコアバリューへの共感度を尺度にして測られて決まる。これらのミッション、コアバリューも、創業者や経営陣が定めたものではなく、およそ1年をかけて、全社員で定めたものである。ザッポス社は、このミッション、コアバリューを積極的に公開することで、従業員や採用応募者のエンゲージメントを高めたばかりでなく、それに共感する顧客をも惹きつけ、会社のブランドも上げることに成功した（創業者のトニー・シェイは「企業文化と企業ブランドはコインの裏表の関係にある」と述べている）。

自分の求める師とやれるのか？

何を実現するために、何を学べるのかを重視するようになる。今、学びたい欲求のために、その師となる相手を探すようになる。自律社会の働き方は、これら両方の実現、つまり、目的に共感し、リーダーと共に歩みたいと考えるということが考慮されるケースとなるはずだ。

このように、自律社会においては個々のメンバーの成長段階に応じて、興味や意識の置き所が異なることに着目して、所属する組織を変えながら生活していくことが一般的になるだろう。それぞれの成長段階において、自分の夢ないしは成果を追い求め、自らに適した環境を選択しRPGゲームのように成長していく環境になっているのが自律社会の組織像だと予測する。

一方、組織が「個のための組織」「共感ベース」へと進化していくとして、現状の資本主義の根幹である「株式制度」との兼ね合いはどうなるのであろうか。米株式市場を参考につくられた業績の四半期開示制度の下では、企業は四半期ごとに確実に利益を上げていくことを求められている。勢い、現在の多くの経営者の目は短期利益の確保に向かわざるを得ない。ベンチャー企業においても、VCからの直接投資が日本でも充実してきたとはいえ、株式公開や企業売却などのエグジットを通じたリターンが求められることに変わりなく、CVC（企業直接投資）でも業績が求められる。特にCVCでは、投資元企業が投資先の舵取りをしたがって介入を行い、うまくいかなくなる例も多いようだ。

しかしながら、各所から少しずつ変化の兆しもみられ始めている。株式投資においても社会的責任投資（Socially responsible investment）の概念が少しずつ広がってきている。

2006年、国連が「責任投資原則（Principles for Responsible Investment）」の考えを提唱し、機関

投資家にＥＳＧ（Environment Social Governance）の視点を盛り込んだ投資を求めたことをきっかけに、ＥＳＧ投資は急速に拡大している。ＥＳＧは環境や社会への配慮、企業統治の向上を通じて企業価値の拡大を目指す点で、それまでのＣＳＲ（Corporate Social Responsibility）とは異なっている。企業がＥＳＧに積極的に取り組むとブランド力向上や事業リスクの低減につながり、持続的な成長が可能になるとされる。

２０１１年にポーターが唱えた「CSV :Creating Shared Value（共通価値の創造）」や、SDGsの浸透もあって、企業の役割はビジネスによる社会的課題の解決という考え方も広がりをみせている。創業時から「企業の公器性」をモットーとして、ソーシャルニーズの創造から次々に事業を創出してきたオムロンも、その代表的な企業として認識され始めている。

そして、そのような社会課題解決型のビジネスに共感する個人からは、クラウド・ファンディングを活用した資金調達の事例も増えている。また、採用活動においてのブランド価値にもつながっていることも事実である。

このような「共感」の浸透は、これまでの量の拡大、つまり経済成長を是とする経営の考え方、お金の流れや投資のあり方の変化に、今後ますますつながっていくことが予想される。そういう意味では、自律社会では、お金の意味も変わってくるだろう。オムロンの創業者である立石一真は、事業とは社会からお金を預けていただき、社会の課題を解決すると共に、次の課題の発見と解決手段の技術開発に取り組ませていただくことだという意味の言葉を残しているが、昨今のクラウド・ファンディングとは、まさに、そのような意味での現代版である。やはり、自律社会の組織とは、利己ではなく、利他的なのだ。これもまた、創業者の言葉であるが、「最もよく人を幸福にする人が、最もよく幸福となる」という言葉のとおりである。

第6章

SINIC理論を超えていく未来

・SINIC理論の未来シナリオは、なぜ2033年までなのか？

SINIC理論の未来シナリオに基づけば、自律社会は10段階の社会発展段階の最後の段階となる。しかし、SINIC理論には、その次に「自然社会」という予測を置いている。それは、この未来予測の終点ではなく、新たな未来シナリオへの出発点の位置づけである。

また、数式を用いたシミュレーションの結果から、自律社会の完成する時期を2033年と設定している。これは、もうあと10年あまり、すぐそこまで来ている近未来である。それゆえに、オムロン内のみならず、SINIC理論に共感を寄せる社外の方々からも、「SINIC理論のバージョンアップはないのか？」、「ここまでの抜きんでた未来予測の精度を、2033年からの未来予測にも活かして示してほしい！」という声が、たくさん寄せられている。

このような声に応じて、私たちHRIではSINIC理論を再検討した。その結論として、第3章で述べたとおり、発表後半世紀以上を経た社会変化の実状を反映した理論のアップデートを加えた。そして、現段階では自然社会以降の未来シナリオの延伸を行わないことに決めた。この結果だけを見れば、2033年以降のポストSINIC理論の未来予測を期待されていた方々に残念な思いをさせたかもしれない。しかし、このＳＩＮＩＣ理論の再検討を通じて、改めて多くの発見と確信を得ることができた。

「なぜ、２０３３年で自律社会は終わるのか？　２０２５年から始まり、たった8年間で完成するほど簡単な社会とは思えない」という声を、これまでにもたくさんいただいていたが、この自律社会の時期の設定根拠も明らかにしておくべきものだろう。それは、未来シナリオの前提となっている成熟曲線（ロジスティック関数）の特徴にある。最終段階の成熟段階は、漸近線となって限りなく続く。漸近線なので、その完了時点は、何らかの恣意的な設定が必要となるのだ。グラフを再現して考察し直すと、確かに２０３０年代でも当てはまるが、２０５０年と言っても間違いとは言えないことがわかる。自律社会の完成時期は21世紀の前半ということなのだ。

では、その中で、なぜ「２０３３」が特定されたのか？　この「33」という意図の感じられる数値は何なのか？　これについては、様々な資料を読み込んでも説明がなく、私たちにとっても大きな謎であった。しかし、思い当たるところがあった。オムロン（立石電機）創業の年が１９３３年なのである。そして、このＳＩＮＩＣ理論を作り上げたのは、創業経営者である立石一真らであったのだ。第1章でも述べたとおり、ベンチャー企業の創業経営者である一真としては、経営に未来予測を必要としていた。そして、近い未来、中くらいの未来、遠い未来の三つの未来を見据えることの重要性を説いていた。つまり、２０３３年は創業１００周年の節目であり、「遠い未来」の予測という位置づけとして好適であったのだろう。関数のグラフは、それを示している。数学的な詳細説明は本書では省略するが、２０３３年は漸近線上の一時点として適当な設定だったのである。

そう考えると、今やるべきことも明らかになる。それは、間近に迫りつつある自律社会という社会イメージの解像度を高めることである。漠然とした総論の社会概念ではなく、個別テーマに基づいて、それぞれの分野で、より具体的に自律社会を描き出すことによって、自律社会がどのくらいの期間続くものとなるか、２０３３年という設定が適当なのかも判断できるようになる。そして、それに続く「自然社会」についても、より具体的に検討することが可能となる。

そのために、私たちは、ＳＩＮＩＣ理論をオープンにして、未来予測を必要とする人々と共にシナリオ解像度を上げていく、オープン・シェアでの進め方をとることに決めた。自律社会の解像度アップを、社会と共に進めて、社会と共につくっていこうという方針である。

● 高まる一方の「自然社会」への関心と共感

ここ最近、顕著となっているＳＩＮＩＣ理論に対する関心の高まりの表れで、講演の機会をいただくことが、とても増えている。また、ＨＲＩとしても積極的に世の中に様々なメディアでＳ

ＩＮＩＣ理論を問うようにしている。それらの発信・受信の活動を通じて、意外で大きな発見は「若い世代の自然社会への共感」である。そして、この共感は、大学生、さらには高校生へと年齢が若くなるほど、自然社会への期待、共感、ワクワク感として表れている。

私たちとしては、いきなり自然社会という未来を議論するよりも、「まずは、その手前の自律社会から」とか、「現在進行中の最適化社会から」の話にしようとするのだが、彼らの反応は違う。ウェビナー参加者の大学生や高校生の声でも「自然社会を、もっと知りたい」というような声がとても多いのである。

「なぜ、自律社会ではなく、自然社会の方に関心があるのか？」と彼らに尋ねると、かなり同様な回答が返ってきた。それは、「自分たちは、自律社会をスキップできる」ということなのだ。最適化社会が新しい社会への大転換であるならば、その先に再び、自然社会への転換期間の自律社会を挟む必要はないという主旨である。自律した人々によって構成されていれば、いきなり、自然社会に入れる。その中で、自律もさらに育まれ、強化されるという主張なのだ。

確かに、発表当時のＳＩＮＩＣ理論の資料には、自律社会は「ノン・コントロールの理想状態に向かって、意識的コントロールが除かれていく過渡期」という意味の表現をしている。間もなく、その未来の当事者となる若い彼らは、熟考した結果というよりは、反射的に自分たちが生きていく上でのリスクを感じ取り、「早く、自然社会に到達しなくては大変なことになる」というリスク意識が強い。だから、悠長に構えていないで、早く社会実装できる未来を創ろう、自分たちも一緒に参画して創りたいと迫ってくる。未来の当事者、未来の中核世代にとって、自然社会への到達は決してユートピアの夢物語ではなく、もはや、待ったなしの最優先ライフ・テーマであるようにも感じられるほどだ。

さらに加えると、この「自然社会」への関心の高さは、海外の有識者やビジョナリーの反応でも同様である。海外で開催される未来学者が集まるカンファレンス、その中には、レイ・カーツワイルなどのシンギュラリティ積極推進者が集まるような場もあるのだが、そういう場に参加して、昼食やコーヒーブレイクの時に参加者と交わす会話から感じられることは、圧倒的に自律社会よりも、自然社会に対する関心と共感が大きいことである。

アメリカに住む知人が、この反応に対して、一つの見解を示してくれた。それは、欧米人にとって「自律」とは、「自己判断」、「自己決定」、「自己管理」という意味合いで受けとめられているのではないかということだった。アメリカで生活する彼女にとって、最近のメディア等から、Autonomousという言葉が使われる記事を思いだそうとすると、すぐに思い浮かぶのは「自動運転」なのだそうだ。そうだとすると、そのような「自律」観は、彼らにとって、特に生き方や社会システムとしては、たいして新鮮味のあるものではない。近代個人主義の価値観のもとで育ってきた欧米人にとっては、当然の生き方だというわけだ。オートメーションの技術革新の次ステップという未来観はあるものの、社会や個人の生き方としては未来観に欠けるというわけだ。これは、私たちが自律社会モデルとしてフィールド調査を進めてきたスウェーデンやデンマークの人々の話からも、感じ取っていたことだった。人や社会の「自律」はすでにあるもので、未来ではないという指摘だ。

このことは、これからの自律社会の解像度を上げていく上で、とても興味深い話題であった。なぜならば、ＳＩＮＩＣ理論の未来予測は、日本社会に限った未来予測ではなく、グローバルな未来予測であることを前提としているからだ。そうなると、自律社会の解像度の向上を進めるためには、自ずと国内外、老若男女、様々な人を集め、「自然社会」をより意識して活動することが必要になる。今、多くの関心と共感を集めているＳＩＮＩＣ理論の未来観を、さらに社会でシェアし、世界でシェアして、未来を創るためには、この視点がとても重要になってくる。

●「原始社会」と「東洋思想」から、大きなヒントの可能性

それでは、意識的なコントロールのなくなる、制御フリーの「自然社会」の特徴は、いかなるものなのか。これは、今後、まさに当事者の若い人たちと共に考えていきたいことであるが、本書でも少し頭出しをしてみたい。

そこで、以下に発表当時の論文にある自然社会の特徴に関する記述から、キーワードを拾い上げてみた。

「家族共同体」
「原始社会」
「生命原理」
「テレパシー」
「精神・意識・宗教」
「超常現象」

このような言葉を拾い上げられる。この半世紀以上前に設定した未来ビジョンのキーワードを踏まえて、現時点で話題となりつつあるキーワードも加えて表現をし直してみた。それは、このとおりである。

「利他的な互助信頼コミュニティ」
「遊動生活・狩猟採集生活」

「動的平衡」
「人工生命（生命らしさのエンジニアリング）」
「以心伝心」
「アンビエント化（生態系に埋め込まれたテクノロジーによる環世界）」
「空即是色・マインドフルネス」
「メタバース」

このようにリストしてみると、自然社会はとてもワクワクする未来に見えてくる。違うだろうか？　私のような年齢の者であっても、ぜひとも、不良老人とならずに、こういう社会で生きてみたいという気持ちになる。それぞれのキーワードの向こう側には、それを研究している人たちや、実践している人たちの姿もみえてくる。

そして、気がつくことがある。このような未来観を持ち、創っていくための、文化的アドバンテージは、「東洋的な思想」がバックグラウンドにある人にあるのではないかということだ。これまで、効率や快適性を追い求める中では、禅の修行のような営みは、保護すべき伝統文化であるが、実際の経済社会の生活にはそぐわないかのように扱われていた面もある。

しかし、それについても変化の萌芽が顕れ始めている。私も新型コロナの感染拡大以前には、週末に鎌倉の円覚寺などで坐禅をさせていただいていたが、そのような場に集まる人たちは近年多くなっていることに気づいていた。写経に参加している方も大勢いる。一度、円覚寺の一つの塔頭の内田一道副住職をお招きして、品川のオフィスでＨＲＩ主催の坐禅会を催したこともあったが、そこにも多くの若い人々が集まった。ビジネス空間の品川のオフィスの食堂スペースで、仕事を終えて集まってきた参加者が、目を閉じて一時の静寂に耳を澄ます中、坐禅を始める鐘が響きわたった時、誰もがマインドフルネスを感じたのではないだろうか。そのくらい、私たちには、このような所作を素直に受け入れられる素地がある。無意識のうちに備わっている感性がある。自然社会にアクセスしやすいアドバンテージをすでに持っているのだ。

また、「自然社会」には、原始社会の特徴が大いに関係してくる。ＳＩＮＩＣ理論は、円錐上を循環しながら螺旋状に登っていく社会発展の考え方である。自然社会は、ちょうどその1周を回り終えた時点となるが、それは原始社会に戻るわけではない。原始社会の特徴を備えつつ、進化した社会なのだ。原点回帰と共に進化も遂げている、ハイパー原始社会なのである。

● 自然（じねん）の社会へ

これまで、多くの有識者の方々の協力を得て、ＳＩＮＩＣ理論に関する意見をいただいてきた。

その中に、「自然社会」を考える上で、衝撃的な意見として、今でもはっきりと記憶しているコメントがある。それは、哲学者の方からのものだった。カントの自律論などの説明を受けた後で、その先生は「そもそも、自然社会という言葉自体が成立しない。自然と社会はつながらない。自然との闘争を経て、人間は社会をつくった。だから、自然は自然であり、社会ではない」という主旨の発言をされた。この一言の衝撃はとても大きかった。

その時、私はすぐに反論することができず、納得してしまった。しかし、今は違う。自然と社会がつながるから未来可能性が成立すると確信できているからだ。確かに、工業社会までの時代は、人間にとって自然は克服して利用すべき対象であった。人間がいなければ、それが自然なのである。しかし、それを考えるのは私たちの未来に向けては不毛なことだ。私たちは地球上で生きる人間という一生物なのだから。ノン・コントロールな社会が成立し、その生態系に人間も、人間の知から生まれるテクノロジーも埋め込まれ、少なくとも意識的な人工物にコントロールされることなく持続する社会、世界こそ、自然社会のビジョンとして、その創造に向かうべきだろう。大きな概念としては、「人新世」に通じる考え方なのかもしれない。自然と社会はつながらないのではなく、自然に社会が融和するものなのだ。その自然とは、Natureの訳語としての「しぜん」ではなく、仏教用語としての、ありのままの本来の姿という意味での「じねん」の方が親しいものだと考えている。

・シンギュラリティでも、ホモ・デウスでもない、自然社会

最近、未来が見通せなくなったり、新型コロナのパンデミックや異常気象などの天変地異も増えているからか、世界中で未来予測に関する論考に関心が寄せられている。しかし、それらの多くは、西欧社会から繰り出されている。確かに、未来学者（フューチャリスト）と呼ばれる人たちは、日本やアジア圏には少ないようだ。

シンギュラリティも、その一つである。元々、この言葉は物理学の専門用語であり「技術的特異点」を意味するものであったが、アメリカの発明家で人工知能研究の世界的権威であるレイ・カーツワイルらの未来予測のキーワードとして発信されて注目を集めた。

それは、ＡＩが人間の能力を超える時点や、それにより人間の生活に大きな変化が起こる特異点を指す概念である。今後も、テクノロジーの進化が指数関数的な加速度をもって進化していく中で、それに比べた人間の能力向上は、直線的かつ微増を続けるままとなる。そして、コンピュータの「知能」が、人間の知能を超えて、超知能を獲得する時代がやってくるという未来予測である。２０４５年にはそれが実現すると予測したのだが、２０２９年にはＡＩの思考能力が、人間の演算能力をはるかに超えて、２０４５年には社会や生活、人間のあり方における特異点がや

ってくると予測している。

カーツワイルのスピーチの場にも、何度か参加したことがあるのだが、現在74歳となる彼は、このシンギュラリティを肯定的、楽観的にとらえている。しかし、シンギュラリティ論者の中には、悲観論も少なくない。楽観と悲観、両者を決める元となっている社会や人間へのシンギュラリティの影響は同じである。労働機会の喪失、ベーシック・インカム導入、サイボーグ化による不老不死の実現などである。それらの影響を肯定的に見るか、悲観的に見るかの違いである。

もちろん、この未来予測に対する批判もある。若手気鋭のドイツの哲学者、マルクス・ガブリエルも、シンギュラリティ否定派の一人だ。著書『「私」は脳ではない』(講談社)では、脳神経科学における、思考も意識も精神も、すべては脳に還元されるという「神経中心主義」を批判して、人間のする「思い違い」や「非合理な行動」に注目し、「精神の自由」という概念を示している。そして、シンギュラリティ論や、トランス・ヒューマニズムのような神経中心主義から導かれる未来論に対して、それをどこまで追求しても「精神の自由」に到達することはなく、シンギュラリティの到来を否定している。

SINIC理論の立場から見ても、シンギュラリティを全面的に肯定することはできない。もちろん、機械にできることは機械に任せようという姿勢においては重なるところがある。しかし、SINIC理論における人とテクノロジーの関係は、競争関係ではなく、共創関係である。そこが最大の違いである。人間がＡＩなどのテクノロジーの従属物となることには否定的立場なのだ。人と機械と自然の融和こそが、自然社会への未来ビジョンなのである。

もう一つ、話題を呼んだ未来予測の書籍を挙げておこう。それは、ベストセラーにもなったイスラエルの歴史学者、ユヴァル・ノア・ハラリの著作『ホモ・デウス』(河出書房新社)である。この未来予測は、結果的に人間にとっての悲観的未来である。文明史を俯瞰して語る、とても、説得性の高い内容であるが、彼が主張するのは「人間至上主義」であり、それが最後まで貫かれる。そのため、すべてを支配した人間の到達点は、人間を超える唯一の存在である「神」になるという考え方に至るのだが、これには私はまったく共感できなかった。自然社会は、人間至上主義から降りることである。いわんや、神になることでもない。

この二つの未来予測に対して、私がとても共感できた論考がある。『ひらく(2)』(エイアンドエフ)誌上の東京大学名誉教授の伊東俊太郎先生と京都大学教授の広井良典先生の「シゼニズムの提唱」という対談記事である。広井先生には、これまでもＳＩＮＩＣ理論に対して共感を寄せていただき、何度となくご意見をいただいており、伊東先生の著作も、ＳＩＮＩＣ理論の未来を照らす燈明のように参考にさせていただいている。

この対談で、伊東先生はベイコンによる「自然支配の理念」によって、自然が初めて資源になったとした上で、シンギュラリティやハラリの考え方も、その延長線上のものであり、単なる知性の機械化レベルの話だと断じている。そして、科学を自然への方向に導くことが、人間の文明の持続可能な思想になるはずで、ホモ・デウスの方向に進むと、人間は神になるどころか、科学技術に囲まれた重圧の中で無になってしまい、滅びてしまうと憂慮していた。

私にとっては、ここで語られているテーマ「シゼニズム」とは、かなりSINIC理論の「自然社会」の概念に重なるものではないかと感じたのである。やはり、自然社会というビジョンは、未来可能性のあるものなのだ。

第7章・共に未来をソウゾウする

・変化を先駆けて未来に進むか、変化を避けて過去に居座るか

安定状態が崩れることに対して、私たちは不安を感じる。たとえ、それが新しい未来への展開で避けがたいプロセスであると承知していても、できることなら、自分だけは、今までどおりの安定の延長線上を生き続けて逃げ切りたいと思う人が、少なくとも半数以上を占めるのではなかろうか。これまで多くの努力を投じて、積み上げてきたものが大きい人ほど、その傾向は強いだろう。だから、人生の前半を生きる若い人たちよりも、後半を迎えた人たちの方が、変化へと足を踏み出すことへの戸惑いが大きいはずだ。

なかなか、長期間にわたって慣れ親しんできた、人生の慣性モーメントに抗って、新しい価値観をもって生き始めるのは難しい。社会に対する慣れが強いほど、生きるためのエネルギーを増すことなく、惰性だけで充分な省エネの人生が可能だからだ。変化の道に進もうとすれば、それまでに積み重ねてきた、自分の有形無形の資産を失うリスクの覚悟、新たな大きな変化を乗り越えるためには、多大なエネルギーと燃焼力の覚悟も必要になる。私たちは、そういう選択の岐路に立った時、損得計算をすることになるのが世の常だ。どっちを選んだ方が「得」なのかである。

しかし、損得の判断には、リスクの大きさや発生確率、変化の先に得られる価値の大きさの総

和、変化を乗りきるために必要な生きるエネルギー量という客観的な情報が必要となる。また、損得の収支決算期を、長期間でとらえるか、短期間で設定するかによっても判断は異なる。だから、この場合の損得を客観的に判断するのは極めて困難だ。判断する人が拠り所としているもの、損得に対する感受性など、とても主観的な判断とならざるを得なくなる。

では、大変化の時代「最適化社会」の只中を生きる我々は、この転換期をどのように生き抜けばよいのだろうか。一つは「希望」を持つこと、そして二つ目には「他力」を利用することを挙げたい。

希望とは、目指すべき目標に向けた、本人の強い意志が原動力となっている。だから、成功確率など、成就できなかった時に失うものを踏まえた客観的な損得計算からの期待値に基づく目標や行動ではない。失敗の可能性があるにもかかわらず、成功への道筋だけを考えられる、積極的な目標であり行動を指している。これこそが、渾沌と混乱と衝突の渦を進む切り札である。単に、ものごとの明るい面だけを見ようとする陽気な性格とも根本から違う。

そして、もう一つの「他力」であるが、これは他者の力というよりも、本人を取り囲む環境条件ととらえた方が適当であろう。変化と現状維持、どちらを選ぶかに関わる制約が何もない環境ではなく、変化を選ばざるを得ない環境条件に身を置くことである。選択の余地がない状況に自らを追い込むということだ。

・新しい社会は、新しい世代とソウゾウする

変化を先駆けて未来に進む。それは、ここまでに様々な角度から語ってきたSINIC理論の未来観を、これからどのように実現に近づけ、未来をたぐり寄せる行動を始めるかということだ。そのキーワードは「ソウゾウ」である。つまり、「想像」と「創造」だ。

SINIC理論は、「予言」でも「予想」でもない。理論に基づく「予測」である。だから、理論をしっかりと固定して、理解して、ぶれることのないようにする必要がある。一方、シナリオは様々なテーマ設定で、様々なシナリオを描くことが可能だし、そのような多様性が大切である。

そのためには、まず「想像」において、多様なメンバーで未来を想うことが必要だ。それは、年齢や性別、職業だけのことではない。住まいや趣味、関心事やキャリアビジョンなど、様々な観点での多様性を担保したメンバーでの想像が必要だ。その時に大事なのは、その人の未来を生きる当事者としての感覚の確かさである。未来における学生、未来における母親、父親、未来における高齢者、彼らが当事者として想像する未来像からは、新しいソーシャルニーズが見えてくるはずだ。そして、未来の創造にとりかかれる。

そうなると、やはり現在の若い世代はソウゾウの主要メンバーとして欠かせない。最適化社会

の先にはセカンド・ルネッサンスがあると述べたが、かつて500年前のルネッサンスの主役達を思い起こしてみよう。レオナルド・ダ・ヴィンチは1452年生まれで、14歳で工房に弟子入りしている。若い時期の努力で認められ、「最後の晩餐」や「モナリザ」などの代表作を40代後半以降に制作している。ルネッサンスの時代に生まれ、ルネッサンスで成果を挙げた、中世を知らない新世代だったのである。

たぶん、セカンド・ルネッサンスの主役も同様に、工業社会から生きてきた人間ではなく、情報社会、成熟社会の到来後に生まれた、過去のしがらみも慣性力の影響もない、新世代であろう。

また話題がそれてしまうが、かつて、団塊の世代、つまり、2025年には後期高齢者となる人たちが社会デビューした頃に、「戦争を知らない子供たち」(北山修作詞・杉田二郎作曲)というフォークソングが大ヒットした。この曲が初めて歌われたのは、なんとSINIC理論が生まれたのと同じ1970年であり、大阪万博のコンサートで歌われた。ここに、歌詞をすべて書き出せないのが残念だが、戦後生まれの戦争を知らない、平和の歌を口ずさむ世代が大人になったという、時代の節目を歌う、素晴らしい曲だった。

それから約50年、再び大きな時代の節目を迎えつつある今、「成長社会を知らない子供たち」が、社会にデビューし始めた。果たして、彼らは2025年の2回目の大阪万博で「成熟社会の歌」を口ずさむだろうか。この若者達はZ世代と呼ばれている。1996年から2010年頃にかけて生まれた、今は小学校高学年から社会人数年後の年齢に相当する。その上には、M世代（ミレニアム世代）と呼ばれる30代の若者たちもいる。どちらも、ジェットコースターのような急上昇や急下降の社会体験はなく、失われた20年という中で、ものごころついた世代だ。

彼らは、社会や既成の集団に依存することなく、自分の意志を大事にする。これは私の父親としての私的な経験的生活実感でもある。仕事を選ぶにも、会社でなく社会を優先する。報酬よりも貢献実感を大事にする。決して、派手なわけではなく、経済的にゆとりがあるわけでもない。だから、物欲は低い。こだわりの強弱というよりも、旧態依然としたしがらみや、価値観を気にせず、自分に素直に生きているように見受けられる。

そういう、素直に伸びてきた若い人たちの中からは、案の定これまでとは違う、天才的な人たちも特徴的に出てきている。破竹の活躍を続ける大リーガーの大谷翔平、棋士の藤井聡太九段、ピアニストの角野隼斗、プロサッカー選手でも、芸能界でも、この世代に異色の天才たちがいる。これまで、ピッチャーと打撃の二刀流という選択をしたプロの野球選手はいただろうか。中学生棋士が、デビュー戦でいきなり人生経験も対局経験も圧倒的に豊かな年上の高段者に勝ち得ただろうか。音楽の専門教育を受けず、情報工学出身でショパン国際ピアノコンクールで3次予選まで通過する。これらの天才たちには、過去の常識があてはまらないのが特徴だ。

このような一握りの天才たちだけではなく、ごく普通の大学生や若者たちが、「自分も社会課題の解決に貢献したい」という動機で、社会起業家として仕事をつくったり、ミッションを意気に感じてスタートアップやNGO、NPOを選んだり、副業やインターン、ボランティアとして試したりしている。

大企業に入社した若者たちの中からも、その社内で社会課題解決志向を持って働き始める姿を見かけることは少なくない。そういう、かつての価値観からすれば異分子の新たなステークホルダーたちが、企業活動を未来への方向に向けてくれるのだ。オムロンにおいても、そのような若手たちが、次々に名乗り出て、意気を感じてイノベーションに取り組んでいる。

彼ら彼女らの素直な直感と行動力は、かつてルネッサンスの人間復興の中心を担った天才たちや、改革運動を草の根で推進してきた人々と重なってみえる。今回のセカンド・ルネッサンスの主役、牽引役は、彼らであることに間違いない。未来をソウゾウする彼らを、MとかZとか記号で呼ぶのでなく、セカンド・ルネッサンスの牽引者の意味を込め「ダ・ヴィンチ世代」と呼びたい。成長時代を知る私たちは、抵抗勢力ではなく、サポート勢力という役回りで、最適化社会を超えていこうではないか。そのサポートとは、「育てる」ということではない。彼らが「自ら育つ」のを邪魔せず、環境を確保することが役割となる。これも、動物行動学者の日高敏隆先生から教えられたことだ。

●SINIC理論でオープン・シェア革命を

世界中で多くの人たちが未来を案じている時代だ。その中で、SINIC理論はどのような貢献ができるのだろうか。決して、この理論とシナリオを唯我独尊で伝家の宝刀の如く振り回してはならないが、多くの人たちの共感を得られるものなのであれば、そういう人たちと一緒になって、未来を創造していくことが望ましい。

これまで、SINIC理論を積極的に社外に向けて発信してきたとは言えなかった。意図して出さなかったというよりも、社外での価値の大きさが、私たちにはわからなかったのが正直な理由かもしれない。無理矢理、未来予測を押しつける必要もないだろうという判断だ。

しかし、ここ数年間の社外からのSINIC理論への関心は高まる一方だ。それならば、このSINIC理論の知を広く社会に紹介し、未来をより豊かなものにつくっていくことが、企業の公器性を標榜するオムロンらしさにもつながると考えて、本書にまとめることにした。

みなさんは、「オープン・シェア革命」という言葉を聞いたことがあるだろうか。私も最近NHKの番組で知ったことであるが、組織で持っている情報やノウハウを、広く開示して社会の知とすることによって、その知の価値がさらに大きくなるという考え方のようだ。アメリカ大リーグで活躍するダルビッシュ投手は、自身の得意な変化球の投球法をネット上の動画で事細かに説明している。大学駅伝の強豪である青山学院大学の陸上競技部も、その練習法を公開している。少し前なら、そういう情報は外部に漏らしてはならない重要な機密情報という位置づけだったはずだ。しかし、それを開示する。その結果はどうなるのか。

ダルビッシュ投手は、公開によるフィードバックが、より自分を高めていく情報になると、その効果に満足し、その情報を活用した他球団の投手は、もちろん自分の投球法の向上に満足し、ウィン・ウィンかつバリュー・アップの構造が出来上がっていた。

青山学院大学の原監督も、オープン・ソースにすることで、自分の技術力や指導力、さらには陸上競技の世界のレベル・アップにもつながって、結果的に自分の満足にも戻ってくると、その放送で語っていた。

それならば、よりよい未来を創造するために、SINIC理論をオープン・ソースにするのはどうだろうか。オムロンだけの未来像ではなく、多様な観点からの、よりよい未来社会像が、より高い解像度で表現できるようになり、それらの情報が、さらに価値を持っていくのではないかと想像したのである。

これは、国内におけるオープン・ソースにとどまらない。これまで、SINIC理論に関する海外での認知度は極めて低かった。何も発信していないし、何も伝えるメディアや機会もなかったのだから、当然のことである。しかし、先日、オムロンの立石文雄会長から話を聞いて、海外の人たちの未来感度が高いことを知った。オムロンでは、立石会長がグローバル各エリアを訪れて、企業理念について世界各地の経営幹部との対話を行う「企業理念ミッショナリーダイアログ」というミーティングを実施している。その一環として、韓国の法人で開催された時のエピソードだ。

企業理念の講話の内容の中で、ＳＩＮＩＣ理論の未来像について語ったところ、質疑応答の時間になって、その話題に対する質問や意見が出てきたそうだ。かなり、韓国においても未来への関心、それを予測するＳＩＮＩＣ理論への関心は高く、「私は、自然社会は、もっと早く到来するのではないかと感じている」という意見も出てきたということだ。

この未来の到来感覚は、私も海外の知人、友人たちと話をしていると感じていたことであった。日本では、まだまだ自律社会も到来しないし、最適化社会の渾沌が終息するとは思えないという声が多いのに対し、海外の彼らは、ほぼ同様に、この未来シナリオは、もっと時期が早まると思うと語るのである。彼らには、その根拠もあるのだ。こういう議論が、オープン・ソースとなったＳＩＮＩＣ理論をもとに、世界で行われるようになると、よりよい未来の創造は、もっと価値あるものとして実現されていくはずだ。そして、より価値のあるソーシャルニーズの創造に結びついていくはずだ。

ちょうど本年、オムロンは２０２０年代の10年間を見据えた、ＳＦ２０３０という長期経営ビジョンをスタートさせた。ＳＦとは、サイエンス・フィクションではない。Shaping the Futureである。２０３０年への未来創造なのだ。これは、まさに自律社会の創造でもある。このタイミングを活かし、ＳＩＮＩＣ理論を活かし、オープン・シェア革命を起こして、社会と共によりよい未来を創っていきたい。

エピローグ

「我々はどこから来たのか　我々は何者か　我々はどこへ行くのか」

画家のポール・ゴーギャンの代表作のタイトルでもある、この三つの問い。未来を想う時、このフレーズとイメージが浮かび上がってくる。そして、この絵、この問いと向き合うたびに、私は不思議な気持ちになる。なにか、生きものに立ち帰ったような開放感、それと共に、理屈では割り切れない、もどかしさ。両者が相まって、渾沌の中から未来への螺旋階段を登っていくようなな。

この絵の中には、生と死、天と地、人間と自然、西洋と東洋、大人と子ども、精神と物質、野性と理性など、世界を構成する二元論的なイメージが埋め込まれているように感じる。しかし、それらが、対抗せずに有機的につながり、画面全体のなかで融和して、さらに左端にいる白い鳥が、この命の系の循環を担っているように感じられる。そういう、この絵を私は好きだ。

ゴーギャンが、この絵をタヒチ島で描いたのは19世紀末である。それは、産業革命の完成期であり、ヨーロッパを中心に豊かな物質文明社会が勢いを増していた時期である。一方で、芸術の世界では、近代化への疑問、人間らしさへの回帰の兆しが生まれていた。そういう時代だったからこそ、文明のメガトレンドだけにとらわれず、冒頭の三つの問いに立ち帰り、過去、現在、未来を想うことに大きな意味があったのだろう。

SINIC理論は、未来予測理論である。しかし、これを深く味わおうとすればするほど、ゴーギャンの絵を鑑賞している時の気持ちが立ち上がってくるから不思議だ。SINIC理論は、ある意味では芸術作品であり、哲学なのだ。薄っぺらなトレンド予測ではなく、人間社会の「業」のようなものと「自然」との間をつなぐ、社会発展理論だと思っている。ゴーギャンの絵と重なる。

20世紀は、物質文明の時代だった。いや、20世紀に限らず、人類史が始まって以来、ここまでを通して、物質的な豊かさを追い求めることが、新たな技術、科学の発展につながり、社会を豊かにし続けてきた。しかし今、モノの量を追い求め続けるだけでは、豊かな未来どころか、生命の持続すら危ぶまれる状況が見え始めている。このまま、なりゆきにまかせていればよいのか？

それは、明らかに違う。我々人間が、意識的に変わることが必要になっている。そういうタイミングにあることに、多くの人は気づき始めている。

SINIC理論は、その大きな人間社会の変わり目のタイミングと、その次に向かうべき方向を、半世紀以上前に見抜いて、理論としていたところに最大の価値がある。だからこそ、今が旬の未来予測理論なのだ。今を逃してはならない未来予測理論なのだ。そういう意味で、この時期に本書を上梓できたことは幸いであった。

この本の上梓について、声をかけていただいた、柏原里美さんには心から感謝している。それは、楽天大学学長の仲山進也さんらが主催する「すごい合宿」という場で、SINIC理論の講演をした時だった。何をする合宿かも、よくわからないまま、私は会場に出かけていた。集まった面々は、誰もが熱い志を露わにした猛者ぞろいということが、始まる前から感じ取れた。恐る恐る、SINIC理論の話をし始めると、部屋の気圧が高くなったのかと感じるほどに、みなさんの圧が押し寄せ、ついつい、与えられた時間を大幅に超えて語り過ぎてしまい、迷惑をかけたことを記憶している。「ああ、こういう前向きで志を持った人たちが、SINIC理論を求めているのだ！」と強く感じた。SINIC理論は、未来への意志と熱情を持って、自ら未来を創ろうとしている人たちにこそ、届けるべきだと確信した。

しかし、私の怠惰と遅筆で、それから3年近く経ってしまった。始まりは、新型コロナのパンデミック前だったのに、こんなに間が空いてしまった。そして、この間には、とても悲しい出来事もあった。株式会社ヒューマンルネッサンス研究所を創設し、初代代表取締役会長を担われて以来、研究所の活動を長きにわたり見守り、方向付けてきていただいた、オムロン株式会社名誉顧問の立石義雄氏が、新型コロナで帰らぬ人となった。義雄さんには、本当にお世話になった。私が、ヒューマンルネッサンス研究所に転じる意志を固められたのも、この研究所での幾多の困難を乗り越え続けてこられたのも、いつも、義雄さんの温かい言葉と、温かい握手、鋭い眼力からの激励のおかげだった。この本を手渡しして、また分厚い掌で握手をしていただきたかった。

そのようなこともあり、諦めようとしたこともあった。しかし、ようやく上梓を迎えることができたのは、編集者の新関拓さんのおかげである。彼は、柏原さんの後任を引き受けてくれて、忍耐強く見守り、的確な助言を与えてくれた。コロナ禍の中、なかなかコミュニケーションの難しいところもあっただろうが、ここまでお付き合いいただけたことを心より感謝したい。

上梓に時間がかかったことの言い訳のようになるが、本書を企画するにあたっては、私なりにかなり考えたこともあった。その中でも、本書の上梓により「何を、誰に届けるか?」ということが大きなポイントだった。

これまで、ＳＩＮＩＣ理論の解説は、１９７０年の発表当時の英語論文のみであり、その他に、講演資料などは多数あったが、読み物としてまとめられているものはなかった。だから、この機会にＳＩＮＩＣ理論解説書として、全貌をまとめておく必要があるとは以前から考えていた。しかし、ＳＩＮＩＣ理論のすべてを一冊にまとめるためには、理論構想の背景から、理論の詳細、未来シナリオ、その予兆事例というように、とても広範な内容をカバーする必要がある。そうなると、どうしても教科書的な内容となってしまい、読みやすい本ではなくなってしまうことを懸念していた。

また、「誰に届けたいか?」という点では、とにかく、未来を生きる、未来をつくる人たち、すなわち若い世代に届けたいという気持ちが強くあった。いわゆるＭ世代、Ｚ世代の若者たちに対して、私はすこぶる期待を持っている。彼らなら未来をつくれると思っている。彼らを邪魔せずに支えられる書とは、どういうものなのか?　分厚い文字だらけの書籍を手にとってもらうのは難しい。網羅型の教科書であっても、彼らが手にとってくれる本づくりという目標が、私の前に立ちはだかった。

結果のできあがりは、本書のとおりだ。私の力量では、ＳＩＮＩＣ理論の全貌を若い人たちに、染みこんでいくように伝えるには不十分であったかもしれない。しかし、ＳＩＮＩＣ理論の未来観は、筆者の力量不足を超えて、必ずや価値あるものになる、そういう近未来へのポテンシャルを大いに含み込んでいると信じている。だから、再度ここでも叫んでおきたい。

「ＳＩＮＩＣ理論を味わおう！」

本書の最終章にも記したとおり、これからのＳＩＮＩＣ理論は、社会で共有して価値を上げていける公共財として進化していくことを望んでいる。これは、オムロングループ経営陣の総意でもある。オムロングループでは、「われわれの働きで、われわれの生活を向上し、よりよい社会をつくりましょう」という社憲を、毎朝唱和して、心身に染みこませている。この「われわれ」とは、オムロン社員に限ったことではない。社会全体で、世界全体で、よりよい社会づくりに向かい、その一端をオムロンも担って企業活動に取り組みたいからだ。ＳＩＮＩＣ理論を未来の羅針盤として、よりよい社会づくりへ向かおうではないか。そう、「書を持って、未来をつくろう！」なのだ。

最後の御礼となるが、本書の完成は、直接のサポートのみならず、とても多くの方々の力によって支えていただき実現できた。ここに全ての方々を挙げきれないが、様々な協力をいただいたオムロングループのみなさん、様々な観点からＳＩＮＩＣ理論の価値や課題についてご意見をいただいたオピニオンリーダーや研究者のみなさん、そして、ＳＩＮＩＣ理論という磁場に集まって、研究所の創設以来、ＨＲＩで出会い、議論や苦労を共にしてきたみなさんに、心より御礼を申し上げる次第だ。ありがとうございました。

また、優れた問題解決者になるためには、その問題を取り囲む、時間と空間の制約条件を、可能な限り取り払い、広く大きな自由度を確保することに最大限の力を注ぐべきことや、人生の基本はＧＮＮ（義理・人情・浪花節）であることを学生時代に授けてくださり、大きな節目の度にアドバイスをいただいた恩師の川瀬武志先生にも心から感謝を申し上げたい。そして、家族にも。

さあ、ペストや疫病の災厄をくぐり抜けてルネッサンスが生まれたように、新型コロナや地域紛争、自然災害を抜けて、今こそセカンド・ルネッサンスを生み出そう！　その羅針盤は、この書にある。

〝Bon voyage!〟

主な参考文献

立石一真、加藤秀俊「未来を予言する現代の科学」、『週刊サンケイ臨時増刊号　日本万国博覧会グラフ』サンケイ新聞社出版局（1970）
梅棹忠夫、加藤秀俊、川添登、小松左京、林雄二郎　監修『未来学の提唱』日本生産性本部（1967）
ノーバート・ウィーナー〔池原止戈夫、彌永昌吉、室賀三郎、戸田巌訳〕『サイバネティクス——動物と機械における制御と通信』岩波書店（1948）
カール・ポランニー〔吉沢英成、野口建彦、長尾史郎、杉村芳美訳〕『大転換』東洋経済新報社（1975）
リンダ・グラットン、アンドリュー・スコット〔池村千秋訳〕『ライフ・シフト』東洋経済新報社（2016）
國分功一郎『暇と退屈の倫理学』朝日出版社（2011）
D・H・メドウズ、D・L・メドウズ、J・ランダース、W・W・ベアランズ三世〔大来佐武郎監訳〕『成長の限界——ローマ・クラブ「人類の危機」レポート』ダイヤモンド社（1972）
デニス・ガボール〔林雄二郎訳〕『成熟社会——新しい文明の選択』講談社（1973）
広井良典『無と意識の人類史——私たちはどこに向かうのか』東洋経済新報社（2021）
福岡伸一『動的平衡——生命はなぜそこに宿るのか』木楽舎（2009）
岡澤憲芙、中間真一編著『スウェーデン——自律社会を生きる人々』早稲田大学出版部（2006）
イヴァン・イリイチ〔渡辺京二、渡辺梨佐訳〕『コンヴィヴィアリティのための道具』日本エディタースクール出版部（1989）
フレデリック・ラルー〔鈴木立哉訳、嘉村賢州解説〕『ティール組織——マネジメントの常識を覆す次世代型組織の出現』英治出版（2018）

ブライアン・J・ロバートソン〔瀧下哉代訳〕
『HOLACRACY（ホラクラシー）――役職をなくし生産性を上げるまったく新しい組織マネジメント』
PHP研究所（2016）
レイ・カーツワイル〔井上 健監訳、小野木明恵、野中香方子、福田実訳〕
『ポスト・ヒューマン誕生――コンピュータが人類の知性を超えるとき』NHK出版（2007）
ガブリエル・マルクス〔姫田多佳子訳〕『「私」は脳ではない――21世紀のための精神の哲学』講談社（2019）
ユヴァル・ノア・ハラリ〔柴田裕之訳〕
『ホモ・デウス（上・下）――テクノロジーとサピエンスの未来』河出書房新社（2018）
伊東俊太郎、広井良典「シゼニズムの提唱」、『ひらく　2号』エイアンドエフ（2019）
立石一真『立石一真　わがベンチャー経営』ダイヤモンド・タイム（1974）
立石義雄『最適化社会へ』PHP研究所（1993）
立石義雄『未来から選ばれる企業――オムロンの「感知力」経営』PHP研究所（2005）
山本通隆『創造する技術――禅と創造性開発』日本能率協会（1971）
立石一真、山本通隆、今勲「未来接近へのSINIC理論」、
『OMRON　TECHNICS』（1970）10巻、3号、p.180〜193
山本通隆「SINICと創造性」、『engineers』日科技連（1969）
SINIC理論関連情報ウェブサイト「SINIC.media」
株式会社ヒューマンルネッサンス研究所ウェブサイト
オムロン株式会社ウェブサイト

中間 真一 Shinichi Nakama

株式会社ヒューマンルネッサンス研究所
エグゼクティブ・フェロー

1959年生まれ。慶応義塾大学工学部管理工学科卒業、埼玉大学大学院（経済学）修了。富士フイルムを経て、1991年より創設メンバーとして株式会社ヒューマンルネッサンス研究所に参画し、SINIC理論に基づいた未来社会研究に従事し、代表取締役社長・所長を経て現在に至る。「自動」「自律」「自然」をテーマとした人とテクノロジーのインタラクション、「遊」「学」「働」の未来生活展望など、フィールドで未来予兆を探索し、「てら子屋」、風の谷幼稚園など、未来の担い手が育つフィールドづくりも手がける。

共著書に『スウェーデン――自律社会を生きる人びと――』（早稲田大学出版部）、『北欧学のフロンティア』（ミネルヴァ書房）など。

株式会社ヒューマンルネッサンス研究所（HRI）

1990年に、オムロン株式会社の長期経営ビジョン「ゴールデン'90s」に基づき、未来社会の潮流とソーシャル・ニーズをいち早くとらえ、よりよい社会づくりに向かうために創設された未来研究シンクタンク。オムロン株式会社の創業者立石一真らが1970年に発表した未来予測理論（SINIC理論）の未来シナリオに基づき、工業社会、情報化社会の先に位置づけられる、「最適化社会」という大きなパラダイム・シフト、さらにその先の「自律社会」、「自然社会」へと進化する未来社会を、生活者視点も踏まえて様々な未来予兆からあぶり出す。国内外のビジョナリー、研究者、実践者、事業者など様々なセクターの多様な人々とのネットワークにより、より豊かな、人間らしい生き方が実現できる社会の実現に向けて、開かれた研究活動を推進する。

SINIC理論
過去半世紀を言い当て、来たる半世紀を予測するオムロンの未来学

2022年 9月30日　初版第1刷発行
2024年 10月15日　第3刷発行

著者 —— 中間真一

発行者 —— 張 士洛
発行所 —— 日本能率協会マネジメントセンター
〒103-6009　東京都中央区日本橋2-7-1　東京日本橋タワー
TEL 03(6362)4339(編集)／03(6362)4558(販売)
FAX 03(3272)8127(編集・販売)
https://www.jmam.co.jp/

ブックデザイン —— 平塚兼右(PiDEZA Inc.)
印刷所 —— シナノ書籍印刷株式会社
製本所 —— ナショナル製本協同組合

ISBN978-4-8005-9045-9　C2034
落丁・乱丁はおとりかえします。
PRINTED IN JAPAN